建筑

北京中轴线文化游典

鸿图永驻

北京非物质文化遗产保护中心
组织编写

高 申 著

北京出版集团
北京出版社

图书在版编目（CIP）数据

建筑：鸿图永驻／北京非物质文化遗产保护中心组织编写；高申著. — 北京：北京出版社，2021. 10
（北京中轴线文化游典）
ISBN 978-7-200-16081-9

I. ①建… II. ①北… ②高… III. ①古建筑—介绍—北京 IV. ①K928. 71

中国版本图书馆CIP数据核字（2020）第255754号

北京中轴线文化游典

建筑

鸿图永驻
JIANZHU

北京非物质文化遗产保护中心　组织编写
高申　著

*

北 京 出 版 集 团
　　　　　　　　　　　　出版
北 京 出 版 社
（北京北三环中路6号）

邮政编码：100120

网　　址：www.bph.com.cn
北京伦洋图书出版有限公司发行
北京鑫益晖印刷有限公司印刷

*

787毫米×1092毫米　16开本　23.5印张　275千字
2021年10月第1版　2023年7月第2次印刷
ISBN 978-7-200-16081-9
定价：79.80元
如有印装质量问题，由本社负责调换
质量监督电话：010-58572393

"北京中轴线文化游典"
编委会

主　　编　陈　冬

副 主 编　庞　微

执行主编　杨良志　张　迁　姜婷婷　刘子军
　　　　　安　东　刘庆华

编　　委（按姓氏笔画排序）
　　　　　王　越　孔繁峙　白　杰　朱祖希
　　　　　李建平　杨　澄　张　勃　张永和
　　　　　张妙弟　张宝秀　周家望　宗春启
　　　　　赵　书　赵东勋　韩　扬

编　　辑（按姓氏笔画排序）
　　　　　肖　潇　陈　华　珊　丹　赵海涛
　　　　　莫　箫　高　琪　彭丽丽　魏小玲

总　序

　　"一城聚一线，一线统一城"，北京中轴线南端点在永定门，北端点在钟楼，位居北京老城正中，全长 7.8 千米。在中轴线上有城楼、御道、河湖、桥梁、宫殿、街市、祭坛、国家博物馆、人民英雄纪念碑、人民大会堂、景山、钟鼓楼等一系列文化遗产。北京中轴线自元代至今，历经 750 余年，彰显了中华民族守正创新、与时俱进的文脉传承，凸显着北京历史文化的整体价值，已经成为中华文明源远流长的伟大见证。

　　北京中轴线是北京城市的脊梁与灵魂，蕴含着中华民族深厚的文化底蕴、哲学思想，也见证了时代变迁，体现了大国首都的文化自信。说脊梁，北京中轴线是中华民族都市规划的杰出典范，是北京城市布局的脊梁骨，对整座城市肌理（街巷、胡同、四合院）起着统领作用，北京老城前后起伏、左右对称的建筑或空间的分配都是以中轴线为依据的；说灵魂，北京中轴线所形成的文化理念始终不变，尚中、居中、中正、中和、中道、凝聚、向心、多元一统的文化精神始终在中轴线上延续。由此，北京中轴线既是历史轴线，又是发展轴线，还是北京建设全国文化中心的魅力所在、资源所在、优势所在。

北京中轴线是活态的，始终与北京城和中华民族的发展息息相关。在历史长河风云变幻中，一些重大历史事件都发生在中轴线上，同时中轴线始终有社会生活的烟火气，留下了京城百姓居住、生活的丰富印迹。这些印迹既有物质文化遗产，又有非物质文化遗产；这些印迹不仅有古都文化特色，还有对红色文化的展现、京味文化的弘扬、创新文化的彰显。中轴线就像一个大舞台，包括皇家宫殿、士大夫文化、市民生活，呈现开放包容、丰富多彩、浓厚的京味，突出有方言、饮食、传说、工艺、科技以及各种文学、艺术等。时至近现代，在中轴线上还有展现中华民族革命斗争的历史建筑和社会主义现代化建设的红色文化传承。今天，古老的中轴线正从历史深处昂扬走向璀璨的未来，在传统文化与现代文明的滋养中焕发出历久弥新的时代风采。

北京中轴线是一张"金名片"，传承保护好以中轴线为代表的历史文化遗产是首都的职责，也是每一个市民的责任。以文塑旅，以旅彰文，"北京中轴线文化游典"是一套以学术为支撑，以普及为目的，以文旅融合为特色，以"游"来解读中轴线文化的精品读物。这套读物共16册，以营城、建筑、红迹、胡同彰显古都风韵，以园林、庙宇、碑刻、古狮雕琢文明印迹，以商街、美食、技艺、戏曲见证薪火相传，以名人、美文、译笔、传说唤起文化拾遗。书中既有对北京城市整体文化的宏观扫描，又有具体而精微的细节展现；既有活跃在我们生活中的文化延续，也有留存于字里行间的珍贵记忆。

本套丛书自规划至今已近 3 年，很多专家学者在充分的交流与研讨中贡献了真知灼见，为丛书的编辑出版提供了宝贵建议。在此，我们对所有参与课题调研、交流研讨的专家学者以及众多编者、作者表示感谢。

"让城市留住记忆，让人们记住乡愁。"北京中轴线的整体保护与传承，不仅是推进全国文化中心建设的重要举措，更是我们这一代人的历史责任与使命。只有正确认识历史，才能更好地开创未来。要讲好中轴线上的中国故事、传递好中国声音、展示好中国形象，使这条古都的文化之脊活力永延。我们希望"北京中轴线文化游典"的问世，能让历史说话，让文物说话，让专家说话，让群众说话，陪伴您在游走中了解北京中轴线的历史文化内涵，感知中轴线上的文化遗产，体验首都风范、古都风韵、时代风貌，不断增强文化获得感，共筑中国梦。

李建平

2021 年 4 月

目　录

1

前　言

为中轴线上的那些建筑作个"小传"

2020 年盛夏前，我接受了北京出版集团有关中轴线的写作任务。几经周折，最终确定了"建筑"这一主题。

说实在的，那时没想到，在未来几个月中，竟要把摊子铺得这么大。以参考书来说，从"北京古籍丛书"，到现当代作家笔下的新老北京，林林总总，竟达百余种。

读完这些书后，还是觉得下笔艰难。按规划，这本小书不过十万余言，然其涵盖的历史之长，涉及的知识之广，完全不是十万余言所能囊括的。真要完全写下来，必然变成一部大书。

如何浓缩，如何取舍，是我在写作过程中碰到的最大问题。

写作刚开始，正是全球新冠疫情突然转向严重之际，北京又是防控的重点城市，措施更严格，且防控常态化，想出门采风，绝不是一件容易之事。

我想，一部小书，无论厚薄，首先应"接地气"，必须理论与实践相结合，做到"知行合一"，而实地探访、出门采风，实为写作所必需。

趁盛夏时节未至，借疫情趋缓的契机，我与好友以单车代步，以永定门外沙子口、燕墩为起点，经永定门、先农坛、天坛、天桥、永安路、金鱼池，一路北行，先后造访前门大街、天安门广场、中山公园、北京市劳动人民文化宫，再从故宫东华门，一路至景山、地安门大街、后门桥，抵达钟鼓楼，并顺访了旧鼓楼大街等。

如此先后三次探访，首尾相接。可惜受疫情影响，本书第一主角——位于中轴线大道上的故宫博物院还没有对外开放。

记得我欲进烟袋斜街采风时，被忠于职守的防控人员拦下，无论我们怎样请求，都被告知不能进入。想一想，中轴线至少已 20 年未曾有过如此的宁静，或许，这也是可以载入史册的一段特殊经历吧。倘若不把这些一并写出来，似乎缺少了一段逸闻。

稿子进度推进大半时，我的参考书籍亦将用尽，从书中发现的、彼此矛盾的地方，也越来越多。

例如，在许多文章中，都提到了"景山的形成年代"。一称景山（又名万岁山）为明廷镇压元代之王气，在元大都内的延春阁建筑群的基础上堆土建成；又一称景山乃是辽代统治者为镇压唐代之王气，于唐代幽州城内某重要建筑群落的基础上建造。在前者著述中，景山形成时间是明永乐年间；后者则认为在辽金时代，景山便已形成今日之规模。

如此大相径庭，令人疑窦丛生。在本书写作中，我只能反复比对诸说，以大多数研究者认可的观点为准。

中轴线的题目好写，因为其内容太丰富了；中轴线的题目也不好写，因为这条线世人皆知，甚至是熟知。游走于中轴线上的人太多了，居住在中轴线上的人也太多了，写书或阅读有关中轴线作品的人就更多了。这样的一条"话题"线，万一写错，便会遭到诟病；写得太笼统，不会让读者产生兴趣；写得太详细，又容易挨骂。哪怕是配图色调与读者心中的不一致，也会受到批评。所以，"敢"写中轴线的作者，除了一些文史大家以外，其他都是战战兢兢、如履薄冰、厚着脸皮、硬着头皮去写。结稿出书，还要在书籍面世后预备着遭"拍砖"。

别的话先放在一边，先说说中轴线上到底有啥建筑。其实，中轴线并不是大量建筑物的集聚之地，它更应算是一条道路，一条"通天大道"。因此，在这条"线"上，存在的建筑物并不算多。若以这些建筑为写作对象，那么本书的内容就显得过于单薄了。

因此，将中轴线扩展至中轴带，便成为创作中轴线系列的应有之义。至于要扩展到怎样的范围，按照事先的规划，本书以故宫博物院的横向宽度（东华门至西华门之间）为纬，以中轴线（永定门至钟鼓楼之间）为经，将中轴线两侧的建筑物或建筑群囊括进去。某些与中轴线联系紧密的建筑，如中轴线南延的燕墩，以及位于中轴线以东不远处的北京大学早期建筑群等，亦被置于其中。如此一来，本书所能达到的最东端便是天坛外坛东坛墙，其次是东交民巷的东口。这两处地点的横向宽度过大，但仍属于中轴线两侧建筑。稍离开中轴线两侧的建筑物取材最东端，乃是北河沿沿线的嵩祝寺与智珠寺、北京大学早期建筑群，南河沿沿线的普胜寺。本书中介绍的最西端为先农坛外坛西墙，其次是西交民巷近代银行建筑群。离开中轴线两侧的建筑物取材最西端，则为新世界、城南游艺园与东方饭店。由于临近中轴线的"西苑三海"（北海、中海、南海）与后海的内容过多，所以被迫舍弃，仅保留北海公园陟山门外的北海冰窖、北海公园西北角的先蚕坛等个别建筑。这样一来，作为中轴带上的建筑物（以现存为主，兼顾部分消失的重要建筑）便基本锁定。这些建筑按照自南向北的顺序，依次为燕墩（北京市保）、永定门城楼（复建）、天坛（国保）、先农坛（国保）、自然博物馆、香厂地区建筑群、新世界（已拆）、城南游艺园（已拆）、东方饭店、天桥（复建）、正阳桥疏渠记碑（北京市保）、平阳会馆戏楼（北京市保）、福建汀州会馆北馆（北京市保）、大栅栏商业建筑群（国保）、大观楼影院（复建）、中和园、正阳桥五牌楼（复建）、盐业银行旧址（北京市保）、交通银行旧址（北京市保）、京奉铁路正阳门东车站旧址（北京市保）、正阳门城楼与箭楼（国保）、东交民巷使馆建筑群（国保）、西交民巷近代银行建筑群（国保）、中华门（已拆）、毛主席纪念堂（北京市保）、人民英雄纪念碑（国保）、中国国家博物馆、人民大会堂、天安门城楼（国保）、普胜寺、皇史宬（国保）、太庙（国保）、社稷坛（国保）、紫禁城（国保）、景山及寿皇殿（国保）、普度寺大殿（北京市保）、凝和庙（北京市保）、宣仁庙（北京市保）、昭显庙（北京市保）、福佑寺（北京市保）、万寿兴隆寺、大高玄殿（国保）、北京大学红楼（国保）、京师大学堂遗存（北京市保）、北京大学地质楼与女生宿舍（北京市保）、孑民堂（北京市保）、先蚕坛（国保）、雪池冰窖（北京市保）、恭俭冰窖（北京市保）、皇城根遗址（北京市保）、嵩祝寺与智珠寺（国保）、雁翅楼（两座已拆，两座复建）、地安门（已拆）、万宁桥（国保）、火德真君庙（北京市保）、钟鼓楼（国保）等。有些颇具价值的建筑，如珠市口基督教堂、粮食店街第十旅馆（北京市保）、升平署（北京市保）、翠明庄军调处中共驻地（复建，北京市保）、陈独秀旧居（北京市保）、吉安所旧址、毛泽东故居（北京市保），以及一些保存完好、被列入北京市文物保护单位的四合院建筑等，由于篇幅有限，或受其他因素影响，就只能在此忍痛割爱了。

选妥了讲述对象，接下来便是"如何去讲"。本书虽然是"聊"中轴线上的建筑，但若将作品写成一部简单的建筑物说明书，那就意思不大了。与其这样，还不如阅读各种辞书、手册或查阅网络上的相关资料更为方便。因此，把每座建筑的历史变迁讲好，将"死"的建筑写"活"，以建筑物背后鲜为人知的故事来为建筑物"作小传"，便成为本书所要达到的目标之一。在全书的大纲拟定未久之时，我翻阅了一篇民国文人齐如山的作品。齐如山实乃"北京通"，在他的笔下，京城繁华之地"西单东四鼓楼前"，被颇具深度地解析了一番。按照齐如山的看法，清代京师曾有六处繁华之区，分别为地安门、东四、西单、花市、菜市口和正阳门。这六处区域，皆被齐如山详加解读。其中，处于中轴线或中轴带上的有正阳门与地安门，也就是京师的前门与后门。关于前门繁华的原因，齐如山是这样说的："（正阳门）居都城之中，交通最便，商贾云集，其尤为繁华兴盛。""而浮摊（地摊）、杂耍场，独未应运而生。"究其原因，"附近有戏院六七所，足供娱乐，且正阳门街道狭窄，浮摊、杂耍场难以容纳"。正因如此，

"旷然空场"的天桥地区成了地摊、杂耍的生存之地。关于后门兴盛的原因，齐如山则说道："（地安门外）为王公及眷属进宫必由之路，且为太监与外人交接最便之处，如以佳节令辰，宫中庆典，采买贡奉，咸取给焉，因而商业化省，小贩杂耍亦随之发达。"恕我大段引用齐如山的话，也恕我不在这里将六区繁华的缘由挨个儿展现。然这篇文字读罢，的确令我心头一颤。尽管文（文言文）白（白话文）相间，但齐如山讲述老北京文化的思路之好，确实很出乎我的意料。读这样的文章，哪怕拗口一些，却并不乏味。

感谢北京文史馆馆员、北京出版集团编审杨良志先生在本书推进过程中，于每处细节同我反复推敲。关于推敲的经历，或许也能写成一本书了。

好了，闲话少叙，还是进入本书的主题，让我们自南向北、先东后西地一个个逛逛中轴线（带）上的诸多建筑吧。

高申

2021 年 3 月 26 日

第一辑

从燕墩到天桥：中轴线上的『人神』共舞之地

永定门　盛锡珊绘

燕墩

中轴线南延的那座八百年"瞭望塔"

    中华人民共和国成立前夕，在北京中轴线南端的永定门箭楼外，是一大片棚户区、农田、坟地与荒地。而在这片棚户区与田野充斥的区域内，竟然矗立着一座砖石砌成的高台。在高台之上，为清乾隆朝所立的御制碑，碑身镌刻着满汉两种文字对照的《皇都篇》《帝都篇》御制文。此高台，便是中轴线南端所延伸出来的地标性建筑——燕墩。

    始建于元代的燕墩，最初只是一座上窄下宽的梯形土台。彼时的燕墩，其大致位置是在元大都的中轴线偏西之处。那时的中轴线，终结于元大都的正南门 丽正门。而自丽正门至燕墩之间，除了河汊、石桥、树木，以及为数不多的民居之外，其大片区域皆为田地或草地。由此，站在丽正门之上向西南方向眺望，最显著的标志便是土台了。在冷兵器时代里，燕墩作为烽火台的功能还是甚为重要的。

    至明嘉靖三十二年（1553），由于修筑京师的外城，明廷开始在

永定门的燕墩

土墩的四面砌砖。及至清乾隆十八年（1753），燕墩基本形成今日模样。如今的燕墩，乃是下广上狭、平面呈正方形的墩台。台底各边长约 15 米，台面各边长约 13.7 米；自台底至台面通高约 9 米。台顶四周有堞墙。墩台西北角有石门两扇，门内有石台阶 45 级直达台顶。于台顶正中位置矗立着乾隆十八年所立的四方石碑一座，此碑高约7.5 米，面宽约 1.6 米。碑下部是束腰须弥座，其四周各雕花纹 5 层，束腰部分则用高浮雕技法镌刻 24 尊水神像。石碑上部覆以四角攒尖顶，四脊各雕一龙。此碑通体为汉白玉石质，且于南北两面镌刻以满汉两种文字对照的《皇都篇》《帝都篇》御制文，这两篇文章皆出自乾隆帝之手。（有些讲解此碑者，将原立于天桥附近、依照燕墩之碑建造的"两都篇"御制碑，说成是居于燕墩之上的两碑之一，而后被移至如今的首都博物馆门前。这说法显然是搞混了。）

从明代中叶开始，所谓的北京"五镇"之说慢慢地在京城民众中流行开来。这 5 个"镇物"分别为南方属火，乃以燕墩（烽火台）为镇，其位置在明中叶的永定门以南；东方属木，乃以皇木厂为镇，其位置在皇木厂大街（即后来的花市大街）；西方属金，乃以永乐大钟为镇，其位置在万历朝以降的万寿寺；北方属木，乃以西湖为镇，此为今日的颐和园昆明湖；中间属土，乃以万岁山为镇，此山位于今日景山公园内。（在很多书籍中，但凡提及北京"五镇"之说，一定要将源头上溯至蒙、元时期。其实，北京的"五镇"风物，除了燕墩之外，其余四个都是明、清时期才出现或为人所知的。）

及至清代中叶，"五镇"之说尚在，然地点却发生了一些变化。东镇所在地的皇木厂，已经从如今的花市大街移到了广渠门外的通惠

燕墩先有墩台后有石碑，图为"庚子国变"后燕墩近景

河畔；而西镇所在地，也从万寿寺移到了觉生寺（大钟寺）的位置。没有发生改变的是北镇昆明湖、中镇景山与南镇燕墩。

经历了康乾盛世之后，燕墩与清王朝一起走向衰落。据说，在"庚子国变"之前，清廷尚以燕墩作为举办祭祀水神与火神的场所。于 20 世纪之初，在石幢跟前，还陈列着一对来自紫禁城宝华殿的雌雄"神燧石"。而于"神燧石"的下方，有着用海南沉香木制成的底座，仿照八仙桌的样式。至于这对"神燧石"因何被移至燕墩之上，目前在历史研究领域尚未得到确凿的答案。待到民国四年（1915）前后，此"神燧石"与沉香木底座一并被盗，至今下落不明。燕墩附近本属破败荒芜之地，在管理不善的情形下，被偷盗也不算奇怪。

民国二十六年（1937），北平城沦为日伪的控制区。燕墩一带被一家名为"大华火油有限公司"的日本企业所霸占，燕墩被圈占其中。该公司以"此墩容易垮塌伤人"为由，欲将其拆除。后经专家调查后得出结论，燕墩"其有保存价值，亦无坍塌之虞"。燕墩便躲过了一劫。当然，日方担心拆除燕墩会引起北平民众的愤怒，也是其重要考量。

20世纪60年代，北京市政府清除了燕墩四周多年积存下来的垃圾，且拆除了部分的简陋棚户，这对燕墩的保护起到了重要的作用。2004年，永定门城楼得以复建，且扩展了永定门南侧的中轴路之后，人们惊诧地发现：原来燕墩距离中轴线南端竟是如此之近。而今，一座供市民休闲的燕墩公园已然建成，其核心标志便是这座古老的燕墩。

永定门城楼
"失而复得"的中轴线南端点地标

永定门城楼在许多的文献资料中都有翔实的记载。这里，我所引用的是北京城市建设亲历者孔庆普在其著作《北京的城楼与牌楼结构考察》中的相关描述："永定门是一座完整的城门，有瓮城、城楼和箭楼。瓮城的平面图形是小圆角长方形。城楼在北面，箭楼在瓮城的南面，箭楼下面有门洞。两个门洞在同一中心线上。"

"城楼是一座两层歇山顶重檐三滴水楼阁式建筑，首层楼室四周有廊，廊下共二十四根明柱。楼室面阔五间，进深一间，四面各有一樘木板大门。二层楼室外也有廊，廊下共有二十根明柱，四角有擎檐柱。楼室面宽也是五间，进深一间。""箭楼是一座小型无抱厦歇山顶单檐城堡式建筑，东、西、南三面墙上皆有两层箭窗。南面每层七窗，两山每层三窗，全楼共有二十六个箭窗。"孔庆普的这些文字大致写于中华人民共和国成立前后（1949—1950），而这也几乎是关于

晚清破败的永定门

永定门最后的完整记录。

　　然永定门的历史，还需追溯至五百多年前的明代中叶。在没有外城城墙的年月里，于京师的城墙之外，能够集聚一些人气的地方，大致为正阳门、崇文门与宣武门的关厢一带。至明嘉靖二十九年（1550），前三门关厢竟然呈现出"城外之民，殆倍城中"的繁华市井。这种大规模的聚集，尤以正阳门、崇文门外关厢地区为甚。究其原因，倒也很好解释。自嘉靖七年（1528）修复通州至京师之通惠河西端的大通桥码头以降，正阳门、崇文门外的关厢地区，便随着大运河贸易的发展，而不断地繁荣起来。此外，凡是前往京师的"北漂"（主要是来自南方各地的官商工旅等），多以正阳门、崇文门作为其入城通道。这种场景，于和平年代乃是"盛世繁华"的表现。然大明王朝的"盛世"，却与北方蒙古民族所带来的边患长期为伴。最严重的时候，嘉靖二十九年（1550），鞑靼蒙古俺答汗部骑兵竟攻破古北口，打败明蓟镇守军，且于大掠通州之后，驻军白河，从而直接威胁京师安全。待嘉靖帝急召各路大军进京勤王，加之蒙古大军"打秋风"已足，京师的险情才告结束。然繁华的两门外关厢地区，以及天坛、先农坛的皇家祭祀之地的安全问题，却亟待解决。于是，修筑外城便成了明廷的应对之策。

当然，最初设计的京师外城，并不是后来所见到的前三门以南之京师外城。于嘉靖三十二年（1553）兵部尚书聂豹主笔的整体方案中，外城的大致范围为：自正阳门外东道口起，经天坛南墙外，一路东至荫水庵墙止，此乃外城南线的东段；再北转经神木厂、小窑口，拐至元大都光熙门旧址，终抵元大都小东门旧址，此乃外城东线；再从小东门旧址出发，过元大都安贞门、健德门旧址，至三虎桥村附近，此为外城北线；继而由三虎桥村、马家庙等地，南接元土城旧基，径直过金中都之彰义门、颢华门，以丽泽门附近的新堡北墙为止，此为外城的西线；再以新堡北墙，一路经由黑窑厂、神祇坛南墙以外，终达正阳门外西马道口，此乃外城南线之西段。范围如此广泛的一座外城，涵盖辽金时期中都、元代大都、明代京师的绝大部分区域。倘若建成，那将是北京建城史上的奇迹。拿到此方案的嘉靖帝，想必是有些兴奋的。唯一的难题，就是国库里缺少白银。聂豹的方案实施未久，即遭遇到一项似乎"难以逾越"的技术难题——永定河故道上的流沙过甚。想来，开工建设的首先应是外城的西线部分。嘉靖帝得到奏报，犹如一盆冷水泼将下来，让他的筑城热情大为消减。

无奈，在当朝大学士严嵩的主持下，一份俭省得多的外城筑造方案便随之问世。这就是嘉靖朝所修筑的北京外城了。嘉靖三十二年（1553）闰三月，新拟定的外城方案全面启动。至当年的十月，此方案所设计的城垣竟然全部竣工，用时七个月。如此速成之工程，建造质量可想而知。（外城的墙体，乃黄土与杂土分层夯筑，内外墙面是由大城砖仓促砌成。城垣的高度仅有两丈，比内城之营造标准要降低不少。）待外城竣工之时，欣喜之中的嘉靖帝，除了授予工程的主持者陈圭以太子太傅之衔外，还将正阳门外之门命名为"永定门"，崇文门外之门命名为"左安门"，宣武门外之门则为"右安门"，大通桥附近之门为"广渠门"，彰义街门名为"广宁门"。至于东便门与西便门，则在这一时期的任何文献资料中皆未被提及。直到嘉靖四十二年（1563）的《明世宗实录》中，才首次谈到此二门。由此，便有后世的学者推测：这或许是二门过于简陋，太不正规，才被嘉靖帝所忽视，同时亦被史官们所"遗弃"。当然，还有一种可能，就是这两座门，乃是永定门等建成的十年之内"后凿开"的。

莫怪严嵩的格局小，于当时的条件下，再巧的妇人亦难为无米之炊。虽说严嵩乃"千古巨奸"，然其于正阳门外又添置了永定门，且将帝都的中轴线延展了五里多之功绩，还是要被后世记取的。关于嘉靖朝永定门的容貌，基本上便是文章开头引用的孔庆普所调查的资料。

自清军入关以来，嘉靖朝所修筑的永定门城楼之外观并没有发生过太多的改变。如果不是眼尖的"大清工匠"，或是专事于此的官员，永定门城楼与左近之城垣的变化，是不会被任何人所发觉的。清初修葺所用的城砖，已经没有明代之年号款识，也没有明砖所标示的产地记录。只是到了咸丰、同治、光绪三朝，镌刻着年号款识的城砖才得以"重出江湖"。当然，清代城砖较大，与明代宣德朝之后的城砖十分相近，然与元至明初的小城砖却存在着十分明显的区别。在城墙作为一座城市必不可少的因素的年代里，不同时期城砖的并存，还是能够为人们保留些历史的信息。清中叶所能见到的永定门，与此前的城楼，还是有着显著差异的，主要体现在永定门箭楼的营造上。乾隆十六年（1751）之后，清廷不仅重建了包括永定门在内的六座外城之瓮城，还一并增建了六座外城的箭楼。于是，作为中轴线上最晚出现的城楼，永定门箭楼开始出现在京城民众的视野里。而且，这一建筑一直存在了两百多年。

民国时代，永定门于世人眼中的模样，可参见当时所留下的众多资料。民国十三年（1924），瑞典学者喜仁龙便在《北京的城墙和城门》一书中，为后世留下了关于此地最翔实的文字与影像资料："从西侧，全部建筑一览无余，使你可以看到永定门最美丽、最完善的形象。宽阔的护城河边，芦苇挺立，垂柳婆娑。城楼和弧形瓮城带有雉堞的墙，突兀高耸，在晴空的映衬下显出黑色的轮廓。从城墙和瓮城的轮廓线一直延续到门楼，在雄厚的城墙和城台之上，门楼那如翼的宽大飞檐，似乎使它直插云霄，凌空欲飞。""这些建筑在水中的倒影，也像实物一样清晰。每当清风从柔软的柳枝中流过时，城楼的飞檐等开始颤动，垛墙就开始晃动并破碎。"

依照京内老辈人的说法，从正阳门箭楼出发，一路南行至永定门，乃是"门见门，三里三"。待到中华人民共和国成立后的十余年间，尚存有轨电车，叮叮当当地鸣响着，自前门至永定门，总共四站地的距离。那时节，车票的价钱大概为三分钱。当时的小孩子，如果要"门找门"（从前门到永定门），一般都会走着去。所剩下的车票钱，正好买一根冰棍或一根糖葫芦。依照当代作家肖复兴的说法，"只要一见到它那高高的城门楼子，二分钱就算省出来了。仿佛它成了冰棍或糖葫芦的化身"。在南城孩子们的印象中，除了天坛之外，居于南城最南边的永定门城楼，便是最巍峨的地标建筑了。只是，对于那些生在 1949 年的"共和国的同龄人"而言，在他们的记忆里，曾经的箭楼和瓮城，以及瓮城内的佑圣寺等，都已然无存了。所能看到的，无非是"一个拱形的城垛"。"从城门的两旁蜿蜒下去，像是永定门两撇浓重的大胡子。"一群南城的孩子，每每会爬到城墙上去玩儿。那上面，有着许多酸枣树。待到了秋天，树枝上便会结满了小小的酸枣，由孩子们随意摇打下来取乐。

进入永定门，四下里空旷至极，没有什么遮拦。站在城楼或城墙上，倘若南望，大致可以看到南苑（近处有燕墩，远处则为南顶庙、海慧寺）；如果北眺，则可以看到前门楼子。当然了，自明清以来流传于民间的说法，乃是"南贫北贱"。作家肖复兴曾经说道："那时从前门一路走来，是越走越穷。过了珠市口，到天桥就够穷的了。到了永定门，就更是穷得拾不起个儿来。""像是一锅洗澡水，洗到最后，就只能够是又脏又臭又浑了。"

永定门附近之民众的穷困境遇，至少在 20 世纪 50 年代尚未改变。根据目击者的描述："到处都是破破烂烂的棚户土房，一簇簇蘑菇似的，参差不齐地一直拥挤到城垛边，甚至是城垛上面。""但是，这一切似乎都不能影响永定门巍峨与威严的形象。"这种感受，在从中轴线的南延朝着外城方向行走时，体现得最为明显。永定门外不远处，便是被两寸多深的沙子堆积而成的沙子口。由此可知，那里的地势有多么低洼。"所以，不管你是站在什么位置，只要一抬头，永定门就赫然矗立在眼前，你就知道，要进城了。"由于永定门城楼是北京几座外城中最为高大的一座。"从它的城门洞里穿过，你才算进了北京城。"

永定门的拆除，是一个徐徐渐进的过程。1950 年冬，永定门的瓮城率先被拆除，城楼与箭楼得以保留，且在城台东侧开辟一道城墙豁口。1953 年春，又在城台西侧开辟一道豁口。永定门城楼与箭楼周边修筑起环形铁路，两楼之间种植了不少花草，从而使两座建筑分别独立于环路绿化带之间。1958 年 9 月，永定门城楼、城台、箭楼、箭台被拆除，此乃市内第七批被拆除的城门，与之一起被拆掉的还有东便门城楼与城台、右安门城楼与城台、崇文门城楼。据当年的调查报告显示，永定门城楼、箭楼皆由红松木料搭建，其木料已出现不同程度的腐蚀。

由永定门拆卸下来的瓦件被全部拨给房管局，可利用的旧木料则被运至朝阳门外赦孤堂材料库；不能使用的旧木料，以及城砖与城墙土等，便全部由北京城市建设局所设立的五工区处理。

1999 年初，在北京市政协会议上，政协委员王灿炽等提交了一

从永定门北望正阳门方向

份名为《建议重建永定门，完善北京城中轴线文物建筑》的提案。此项提案的出台，也由此拉开了重建永定门的序幕。至 2000 年 6 月，以王世仁为主的古建专家给市政府有关部门写了《关于重建永定门的建议书》，提出"完整的中轴线代表了北京的历史文脉。中轴线上的门、桥、枋、殿，就是文脉的标志，每处都记载着首都的历史变迁。城市失去历史标志，等于失去了记忆，保护好中轴线，也就是使后人不至于看到一个失去记忆的城市"。待到 2003 年 2 月召开了关于永定门城楼复建及南中轴部分地段修建性详细规划专家论证会，市规划委请来建设部的郑孝燮、国家文物局的罗哲文、北京古建研究所的王世仁等专家，对永定门城楼复建及南中轴部分路段修建性详细规划有关问题进行专题论证。此后，规划委又对五家的规划设计方案进行了

重建后的永定门城楼

评议。与会专家一致认为，永定门是北京中轴线上的重要标志，复建永定门是实施建设好中轴线、发展南城的重大举措，决定待时机成熟时重建永定门。

2003 年，市政部门于先农坛中设立的北京古代建筑博物馆门口的一株古柏树下，发现了明代的永定门石匾。这块石匾，长 2 米、高 0.78 米、厚 0.28 米，楷书"永定门" 3 个字沉雄苍劲，保存完好，是明嘉靖三十二年（1553）始建永定门时之原件。而今复建的永定门门洞上所嵌石匾"永定门"，便是仿照这块石匾雕刻的。

2004 年 2 月 14 日，重建永定门城楼工程正式开工。北京市文物古建工程公司承担了重建任务。永定门城楼的老地基只有 3 块城砖深，这次重建的永定门地基深 9 米，并且打了 566 根 11 米的地桩。正楼内设置了 12 根"金柱"，以支撑城楼的主体结构。而这些"金柱"直径为 50 多厘米，需用材质坚实耐腐蚀的铁力木，在国内多方寻访不遇，最后只得花重金从南非购入。

在重建永定门城楼的过程中，曾经被五工区分配至南苑小红门附近的三台山危险品仓库，用来修筑仓库围墙的城砖，在此时又"物归原主"地重新回到了永定门。

2004 年 8 月 18 日，永定门城楼大脊最后一块瓦合拢。合拢时，根据我国古代传统，在大脊内按照古代营建工程的传统做法，郑重地将金、银、铜、铁、锡 5 种金属，连同红、黄、蓝、白、黑 5 种颜色丝线，一起端置于城楼正脊的中间部位，然后再在上面和上麻刀灰，砌上最后一块砖。2004 年 9 月 25 日，永定门城楼复建完成，这座消失了半个世纪的宏大建筑，又重新屹立于中轴线的南端。

天坛

中轴线上矗立着一座世间罕见的祭天神庙

天坛概说

坐落于永定门内大街至天桥南大街东侧的天坛建筑群，实乃"圜丘坛"与"祈谷坛"两组坛庙建筑融合的产物，这是明、清时期帝王用来祭祀上天与祈祷五谷丰登、干旱时节祈雨的场所。在很多时候，局外人都会将祈年殿当作天坛本身来看待，然祈年殿只是祈求丰收的殿堂，它与祭天场所毕竟是两回事。

体现"天圆地方"（北圆南方）建筑特色的天坛外侧坛墙，在明代初建时仅为夯土墙体。待到清乾隆十二年（1747）才在夯土外侧包砖，从而形成了总面积为 273 万平方米的一片连绵墙体所围绕起来的庞大区域。这样的占地面积，要比明、清紫禁城的面积还大，乃国内现存占地面积最大的古代祭祀性建筑群。这在世界范围内，也是数一数二的。

祈年殿

　　明、清时期的天坛外坛，并没有现而今的北门、东门与南门，而是西侧临近中轴线的外坛坛墙上开辟两座宫门：偏北的一座乃"祈谷坛门"（与先农坛的"太岁门"相呼应，现而今则为天坛公园西侧入口之门）；偏南的一座为"圜丘坛门"（与先农坛的"先农门"对应，以前乃牺牲所的西门，后来改为天坛医院西门）。"祈谷坛门"对应着以祈年殿为核心的祈谷坛建筑群，而"圜丘坛门"则对应着以圜丘台为核心的圜丘坛建筑群。

　　天坛有着内、外两重围墙，这两重围墙的东、西侧与北侧交接之处皆为圆弧形，而南侧与东、西两侧交接处乃是直角，呈现为方形。如此北圆南方之布局，蕴含着"天圆地方"的意味。天坛之内外两重围墙，将整个天坛区域分割成内坛与外坛，这是以内坛坛墙作为分界线的。

至于天坛的内坛墙，其南北长 1283 米，东西宽为 1025 米，周长为 4152 米，占地面积为 130 万平方米。清乾隆十二年（1747），乾隆帝降旨修葺受损严重的天坛内、外坛墙。这些修缮之后的坛墙，一直矗立至今。

内坛的主要建筑物，皆坐落于一条南北方向的中轴线上。这些建筑物，分成南、北两部分：南部是由圜丘、皇穹宇、南神厨与南宰牲亭所组成的"圜丘坛"建筑群；北部为大享殿（后被称作祈年殿）、皇乾殿、北神厨与北宰牲亭所组成的"祈谷坛"建筑群。于南、北两部分的建筑物之间，由一条名曰"丹陛桥"的漫长甬道作连接。这条又被称为"神道"的天坛中轴线大道，其"桥"下东西方向开凿出一条曲尺形的涵洞，且与上方的大道形成了立体交叉，这是祭祀用的牲畜去往宰牲亭的通道。甬道被称为"丹陛桥"，缘于古代宫殿前以红色涂饰的那些台阶。

如今的国人，是要比明、清时期的老百姓幸运许多。最起码，我们能有机会进入圜丘坛与祈谷坛内一探究竟。在以往年代的民众眼中，能够越过红墙眺望到天坛祈年殿那高大圆顶，就已经是很大的福分了。

其实，天坛整体建筑群的兴建，是经历了自明永乐朝至清代中后期的一段漫长岁月。起初，永乐帝建造京师内城之时，于正阳门城楼的东南郊野，率先建成了一座四周筑起围城的大祀殿。其时，为明永乐十八年（1420）。这座大祀殿，乃是合祭天地神祇的核心之地，因而大祀殿所在地被称为"天地坛"。当时的大祀殿，乃是一座长方形的大殿。此殿且以黄色琉璃瓦为顶，随后又改为青色琉璃瓦。据《天府广记》中的说法，其"周围九里三十步"。待嘉靖年间修筑外城之时，大祀殿及其围墙，皆被圈入外城的范围之内。且由于明嘉靖九年（1530）的祭祀礼制改变，天地神祇分开祭祀，从而在大祀殿以南建造起圜丘，用来专门祭天。至于祭祀大地之神，则在安定门之北的方泽坛内进行。及至明嘉靖十三年（1534），圜丘被更名为天坛，而方泽坛改称地坛。天坛之称谓才不仅涵盖了圜丘，而且还成了祭天、祈谷两部分建筑群的整体名称。

天坛内两大祭神之坛的圜丘坛

圜丘乃明嘉靖九年建造，此为明、清帝王祭天的主坛。圜丘建筑物本身，是由内、外两层围墙组成，这也是"天圆地方"的重要体现。至于圜丘之上不立建筑，实乃出自天上无物的观念。所以，在圜丘上只需对空而祭，这便是所谓的"露祭"。及至清乾隆十四年（1749），扩建圜丘的工程开启了。扩建之后的圜丘，坛面、栏板、栏柱等所有石材，皆采用房山县特产的艾叶青石，以备长期使用。

待到清乾隆十九年（1754），在天坛西门外垣的南侧，一座名曰"圜丘坛门"的中型坛门被修建起来。这与原有的天坛西门，也就是"祈谷坛门"并立，从而形成天坛西墙之南北双坛门对峙的格局。

在圜丘之北，则为同样建造于明嘉靖九年的皇穹宇。这座最初名曰"泰神殿"的重檐绿瓦的圆形小殿，乃存放"皇天上帝"与先皇之"神板"（也就是牌位）的地方。每当祭天大典举行之时，皇穹宇内的牌位便会被放在圜丘上用以祭祀。待祭祀已毕，牌位再重入皇穹宇。至清乾隆十七年（1752），皇穹宇得以最大规模地扩建。完工后的皇

圜丘（芸）与皇穹宇（右）

天坛皇穹宇

穹宇地面，皆为青石铺就，而围墙墙体则由来自山东临清的青砖砌成。据说，此砖的特点为"敲之有声，断之无孔"。此围墙便是此后闻名遐迩的"回音壁"了。

天坛内两大祭神之坛的祈年殿

自皇穹宇向北，待走到丹陛桥北端，迎面见到的便是大享门了。此门初建于永乐朝，时称大祀门。及至嘉靖朝，才被更名为大享门。进入大享门之内（北侧），即为大享殿（清中叶以后的祈年殿）了。在嘉靖朝以前，大享殿与大享门，还分别以大祀殿、大祀门为名。最初的大祀殿，乃是合祭天地神祇之所。待到明嘉靖二十四年（1545），大祀殿被拆除，代之以皇帝祈祷五谷丰登的大享殿。这座三重檐的圆形大殿，以上青、中黄、下绿三重颜色的琉璃瓦覆之以三重檐。清乾隆十五年（1750），乾隆帝颁旨改建明代大享殿。这一工程持续至清乾隆十八年（1753）。待工程结束后，乾隆帝亲书匾额，将其更名为"祈年殿"。如今的祈年殿，乃是清光绪十五年（1889）旧殿遇雷火被焚后重新建造的。而在该殿的北侧，乃是储藏牌位的皇乾殿，其建造于明嘉靖二十四年。

而今的祈年殿，是一座镏金宝顶、蓝瓦红柱、金碧辉煌的彩绘三层重檐圆形大殿。其采用的是上殿下屋的构造形式，乃砖木结构，殿高38米，直径32米，三层重檐向上逐层收缩呈伞状。祈年殿建筑风格独特，无大梁、长檩及铁钉，28根楠木巨柱环绕排列，支撑着殿顶的重量。这是按照"敬天礼神"的思想设计的，殿为圆形，象征天

祈年殿内景

圆，瓦为蓝色，象征蓝天。

作为礼仪之邦的古代中国，"礼仪"二字首先体现在等级秩序上。这里，最为世人所熟识的便是屋顶的规制。等级规制最高的屋顶，乃是"庑殿顶"：此屋顶最上方为一条正脊，正脊两端分别为两条坡脊，斜向延伸至屋檐四角。庑殿顶总共有五条屋脊，因而被称作"五背脊"建筑。这种庑殿顶只能用于殿堂建筑，实乃皇家专属。第二等屋顶为"歇山顶"：上半部是一条正脊，加之前后各两条向下垂直的坡脊；下半部则为类似庑殿顶的四条斜坡脊。此类歇山顶总共有九条屋脊，主要用于衙署机构建筑。第三等屋顶是"攒尖顶"：为一个突出的尖顶取代了正脊，屋檐的各角上延攒于尖顶。此屋顶又根据平面的不同，被细分为圆攒尖顶、四角攒尖顶、三角攒尖顶、八角攒尖顶等，基本用于亭台楼阁。此类屋顶中最具代表性、等级规制最高者，便是天坛祈年殿了。第四等屋顶是"悬山顶"：此乃歇山顶的上半部，然两侧突出于山墙。这种屋顶多用于仓库或地位较高的宅院。第五等屋顶是"硬山顶"：此顶为屋顶两侧与上前等齐的悬山顶，此类屋顶亦多用于宅院。第六等屋顶是"盝顶"：顶部是一个四条正脊围成的平顶，下部乃庑殿顶。这样的屋顶多用于井亭或现代仿古建筑当中。最末等为"卷棚顶"：此类屋顶没有中间的正脊，屋顶乃一个弧形的棚顶。此类屋顶大多用于下层民众的房舍。若要找寻一些关于屋顶的实例，我们不妨将目光对准祈谷坛建筑群。

至于琉璃瓦的颜色，大体分为黄色、绿色、蓝色、紫色和黑色。这于明、清时期的建筑等级上，皆有明确而严格的规定：宫廷各殿宇、皇家寺庙、太庙、历代帝王庙、孔庙皆为黄色；亲王府第为绿色；郡王府第为灰瓦镶绿。清代烧制琉璃瓦的主要地点，已然从明代京师外城的琉璃厂迁至了永定河畔的琉璃渠村。当然，地处陶然亭的黑窑厂，仍在生产着皇家使用的黑色琉璃瓦。由于烧制琉璃瓦的任务繁重，负责此事的康熙朝工部郎中江藻便长期居住于此。烧制琉璃瓦时取土后留下的积水坑，乃而今陶然亭的主要水面。另外，江藻为这片积水坑修筑了亭台，并取唐白居易诗"更待菊黄家酝熟，与君一醉一陶然"句中的"陶然"二字，为其命名为"陶然亭"。

如祈年殿这样重要的皇家建筑上，装饰彩画一般为金龙和玺，具有礼仪与实用合二为一的重要作用，既装饰了房屋，又使木料增加了一层防潮、防虫的保护层。至于明、清时期的彩画，按照内容的不同可分为和玺彩画、旋子彩画、苏式彩画三个等级。其中，作为御用图案的和玺彩画，又可分为金龙和玺、金凤和玺、龙凤和玺、龙草和玺等。金龙和玺乃是彩画主图皆绘之以龙，这样的彩画一般用于太和殿、中和殿、保和殿紫禁城三大殿，以及天坛祈年殿等；金凤和玺乃是以金凤凰为主图，大多绘制在稍次一级的皇家建筑中，如月坛、地坛等；龙凤和玺则为龙凤相间的图案，被绘制在寝宫之中；龙草和玺乃是龙与草相间的图案，被绘制于敕建寺庙的主体建筑上。旋子彩画乃是因藻头图案而得名。苏式彩画则以各种现实风物为主，其多用于园林建筑之中。

斋宫、神乐署及其他

除了上述的两部分建筑，在天坛内墙的西部，尚有斋宫建筑群一处。此处建筑始建于明永乐十八年（1420），及至明嘉靖九年（1530）

天坛斋宫

再建，乃皇帝祭天时进行斋戒沐浴的场所。斋宫之内，建有正殿、寝殿、浴室等。斋宫的四周建有围墙，墙外有护城河环绕。斋宫的东北处，另悬有大钟。每当祭祀之日，君王自斋宫起驾，钟声便随之响起。当皇帝登坛之际，钟声便跟着停止。礼仪完成后，待皇帝回宫，钟声又再次响起。

此外，在天坛西侧内外两重坛墙间的西南位置，另有神乐署与牺牲所。建造于明永乐十八年的神乐观（后更名为神乐署），内部有被称为"太和殿"的正殿。每当举行祭天大典时，乐舞人员便先行来此演奏乐章。位于神乐署之南的牺牲所，则为饲养牲畜且宰杀之地。

　　清乾隆时期的天坛之大规模改扩建，乃是明嘉靖朝以后所少有的。自明嘉靖朝至清雍正朝，皇帝的斋戒之地一直被设在天坛斋宫的无梁殿内。这斋宫的布局甚为完整，可谓是天坛内的"小紫禁城"。待到清雍正九年（1731），皇帝下旨，于紫禁城内另建一座斋宫，从而将祭祀前的斋戒仪式，挪至紫禁城内进行。及至乾隆朝，由于乾隆帝认为斋戒应该"回归"天坛，然长期闲置不用的天坛斋宫建筑又出现严重倾颓，乾隆七年（1742）皇帝下旨，要求同时修葺天坛与地坛的斋宫。斋宫内的建筑，亦得到增建。

百多年来的天坛变迁

　　"康乾盛世"毕竟不能长久，及至晚清，于"庚子国变"那年（光绪二十六年，1900），八国联军曾于天坛斋宫内设司令部，且于圜丘上架设火炮。天坛内的文物、祭器亦被席卷而去，建筑、树木等惨遭破坏。如此荒芜残破的祭天坛庙，为清皇室所放弃亦在情理之中。因此，在宣统三年（1911）的宣统帝退位条件里，天坛并未被任何人提及。待民国三年（1914），天坛才重新得到民国总统袁世凯的重视。于是，祭天大典便又在天坛上演，一场"洪宪复辟"的闹剧拉开了序幕。

　　"庚子国变"之后的天坛，虽然还是皇家管辖，但早已形如废园。尤其是在外坛至内坛间的那一片地方，几乎被古树及荒草所占据。

　　民国七年（1918）天坛对外开放，或许正是改变天坛尴尬处境的一个重要契机，其一跃成了与前门楼子并肩的民国时代北京城标志。

及至日伪时期，侵华日军在天坛内驻扎了细菌战部队。这支编号为北支甲第 1855 的部队，犯下了屠杀、残害中国人民的滔天罪行。

待到中华人民共和国成立后，天坛公园于 1953 年开始进行全面修葺。坛内高大建筑物上安装了避雷装置，垣墙得到了修缮，祈年殿得以修整，圜丘、斋宫、回音壁等古建筑亦得到了维修。1976 年，双环万寿亭从中南海迁建到祈年殿的西北方；取自东城区李鸿章祠堂的百花亭迁建到双环万寿亭的南侧。

天坛于 1961 年被列入第一批全国重点文物保护单位目录，1998年被列入《世界遗产名录》。

先农坛

召唤华夏祖先"神灵"的中轴线祭坛

先农坛的由来

位于永定门内大街的西侧,与天坛隔街相望的那一大片区域(北至永安路口东,南抵先农坛的外坛墙东南拐角处),皆昔日先农坛的范围。曾经的先农坛,乃由内外两重坛墙环绕。其外坛墙北圆、南方,全长约4400米(如今,已经见不到外坛墙"北圆"部分,仅存留"南方"部分)外坛墙北、西、南三面无门,只有东侧开南北两门:东北门为太岁门(现已无存),东南门为先农门(尚存)。皇帝到先农坛祭祀先农,一般会由紫禁城途经正阳门至先农门。至于用来祭祀太岁及诸神祇而走的太岁门,倒是开启频率不高。

先农坛的内坛墙为长方形,墙体乃清乾隆朝修筑,里面包着明代的夯土。内坛东西南北皆有门,然这4座门并不相互对应。东坛门与外坛之先农门处在同一条线上;而南坛门则位置偏西,与同样偏西的太岁殿建筑群、神祇坛同处一条轴线。若从整体上看，先农坛的内坛居于外坛内侧偏西之处，且与外坛的西坛墙仅有 90 米的距离。在内坛的范围内（也就是而今北京古代建筑博物馆与育才学校为核心的区域内），分布着太岁殿建筑群、先农神坛、具服殿、观耕台、神厨建筑群、神仓建筑群、神祇坛，以及庆成宫建筑群等，并不存在一条明显的中轴线。

及至明代中后期，而今先农坛，其名尚曰"山川坛""地祇坛""太岁坛""先农坛"。无论是在君臣的心目中，还是在百姓的观念里，此地绝非"先农坛"一名可以概之。

明嘉靖十一年（1532）将此坛庙进行改建，在把部分功能分散

先农坛观耕台

出去以前，该地祭祀的对象更为驳杂。这座初建于明永乐十八年（1420）的坛庙，乃是祭祀太岁、风云雷雨、山川大地诸多神祇的集中之所。其坛庙外围设有墙体，且达到六里开外。

彼时，坛内既要祭祀风、云、雷、雨诸神，又要祭祀"五岳"（位于山东泰安的东岳泰山、位于陕西华阴的西岳华山、位于湖南衡阳的南岳衡山、位于山西浑源的北岳恒山、位于河南登封的中岳嵩山）、"五镇"（位于山东临沂的东镇沂山、位于陕西宝鸡的西镇吴山、位于山西介休的中镇霍山、位于浙江绍兴的南镇会稽山、位于辽宁锦州的北镇医巫闾山）、"四海"（东海、西海、南海、北海）、"四渎"（长江、黄河、淮河、济水），还要祭祀太岁神，旗纛庙内祭祀战神，坛内另有祭祀城隍之所。

永乐帝认为十分稳妥之事，不一定为其后世子孙所认同。及至嘉靖帝在位时，他就对先祖的决定提出了一系列质疑：风、云、雷、雨诸神属于天神；五岳、五镇、四海、四渎属于地祇；城隍实乃人鬼也。所以，属于天神、地祇的便归此二者，属于城隍的则归城隍，切不可与先农祭祀混淆。

既然如此，嘉靖帝便下旨，在内坛南侧与外坛南墙之间建造天神坛，用于祭祀风、云、雷、雨诸神；在天神坛西侧另建地祇坛，用于祭祀岳、镇、海、渎诸神；至于城隍，则安置于内外城之城隍庙即可。

在明嘉靖九年（1530），嘉靖帝将山川坛更名为神祇坛。当然，该名仅使用了 46 载，于万历四年（1576）更名为先农坛，并沿用至今。

清乾隆十八年（1753），清廷下旨拆掉祭祀战神的旗纛庙，并移建神仓至此；而以前一直为临时搭建的木质结构观耕台，也被改建成为砖石琉璃建筑；在具服殿与耤田"一亩三分地"之间的仪门，在此时被拆除；乾隆二十年（1755）将明代斋宫改作庆成宫，且变回廊式宫墙为实体宫墙。

此外，自明末以来，基于先农坛占地广阔，大片土地渐趋荒芜，外坛坛墙倾颓，一些外城民众，便纷纷选择来此种粮、种菜。乾隆帝认为此举有"亵渎圣地"之嫌，下旨修葺坛墙，且在坛内"多植松柏榆槐"，使风貌为之一变。

随着清王朝的衰落，尤其是"庚子国变"中坛内建筑为列强占据，先农坛便再度走向颓败。辛亥革命前夕的宣统三年（1911）三月，由庄亲王载功代表朝廷举办祭礼之后，先农坛的祭祀活动终告完结。

民国之后的岁月

自民国元年（1912）以降，皇家坛庙（天坛、地坛、先农坛、日坛、月坛等）统归民国政府管辖。北洋政府内务部遂将京城所有皇家坛庙内的祭祀器物，悉数移至先农坛太岁殿及东西庑中保管，且为此成立了古物保存所。民国二年（1913）元旦，为了纪念共和初创，先农坛与天坛率先得以开放。在两坛开放的最初 10 日内（试运行），公园的管理处是不收门票（入场券）的，国内外的男女皆可前往参观，此乃京城百姓第一次进入昔日的皇家苑囿。这是京城内最早出现的具有现代意义的公园。

民国三年（1914），北洋政府制定先烈祠祭礼，以先农坛太岁殿作为先烈祠主祭祀堂来使用，而祭祀的对象是黄花岗七十二烈士。至于太岁殿东西庑，则改作礼器陈列所，用来整体展示皇家坛庙礼器。

民国四年（1915），先农坛被正式开辟为先农坛公园。而在太岁殿西北的空地处（先农坛北农门之内）设置鹿园，以放养自承德避暑山庄运来的140多只鹿（非麋鹿）；观耕台附近设置花圃，种植许多花木；另外，还在神仓院设置管理坛庙事务所。由于外坛（北农门以北）北部的坛内土地于民国三年（1914）起已被商人承包，且建立城南游艺园，闻名于世的天桥商业娱乐区开始形成。

民国八年（1919），先农坛与城南游艺园合并，定名为"城南公园"。其东西宽度虽然不及天坛，然南北长度却可与天坛比肩。在天坛尚未正式对外开放之时，城南公园成为知名度仅次于中央公园（中山公园）且面积居于首位的京城公园，乃南城最大的游览胜地。

城南公园拥有鹿园、花圃、书画社、球场、茶社等，且有焰火表演、电影放映。焰火表演尤其受到民众的欢迎。先农坛内先后兴建有两座新式建筑：其一，用观耕台为底座而建造的八角二层观耕亭。这是一座仿效欧洲旧时花园而成的琉璃亭，且在亭楣处挂"环春亭"之匾。其二，于先农坛外坛西北区域修建一座纯欧式的三层钟塔，四面皆有钟，被民众称作"四面钟"。

自成立以来，至民国十四年（1925），城南公园的好日子却并未持续太久。民国十四年因政局动荡、游人稀少、管理经费欠缺，管理当局决定拆除先农坛外坛墙，将内外坛墙之间的土地进行拍卖。530多亩土地，被分地段、分等级出售，为随后出现的大量商业、娱乐、

以观耕台为底座建造的观耕亭

住宅区提供了建设用地。而今的南纬路、北纬路、东经路、西经路、福长街、禄长街、寿长街等，皆是外坛土地被拍卖之后的结果。及至民国十九年（1930），除了先农坛外坛的极少数地段坛墙未拆外，整个外坛地区的轮廓已然不存。

自民国十九年起，东北军开始长期驻扎庆成宫与具服殿。再到民国二十四年（1935），北平市文物整理实施处曾对先农坛残存建筑进行修缮。北平市政当局于民国二十五年（1936），在先农坛外坛东南角修建起一座公共体育场（北平市公共体育场），后命名为先农坛体育场。修缮先农坛的工程持续到卢沟桥事变爆发，随即被抗战的硝烟所打断。此后，日军占据先农坛，城南公园被迫关闭。

民国时代的先农坛的大致风貌，曾出现在北平的一些文人笔下。比如，许地山于民国三十五年（1946）初入先农坛公园时，他见到了这样的一番景象："古柏依旧、茶座全空，大兵们住在大殿里，很好看底门窗，都被拆作柴火烧了。"由此，许地山感叹道："北平底旧建筑，渐次少了，房主不断地卖折货。""现在坛里，大兵拆起公有建筑来了。"当然，许地山也见到了一些其他的东西："星云坛比岳渎坛更破烂不堪。干蒿败艾，满布在砖缝瓦墟之间，便发出一种清越的香味。"

到了民国三十八年（1949）7月，华北育才小学入驻先农坛。从此，有名无实的城南公园关闭。民国时期的坛庙管理所收藏的所有文物皆归天坛。先农坛就此消失于民众视野中。

而今，人们所能参观游览的先农坛，已是1987年建成的北京古代建筑博物馆。尽管其占地面积（加上并未开放的神仓建筑群、庆成宫建筑群等）不足昔日的1/3，然毕竟保留下先农坛的建筑精华。2006年，先农坛被列入第六批全国重点文物保护单位名录。

被誉为"天下第一仓"的神仓

神仓位于太岁殿迤东，移建于清乾隆十八年（1753），乃储存皇家专门用来祭祀神明之粮食的地方。神仓的大门朝南，三间拱券式门洞，黑琉璃瓦绿剪边，朱红色大门，高大气派，门饰九路金色门钉，显示出皇家至高无上的身份。神仓分前后两个院落，中间有月亮门相通。院中有收谷亭，6.9米见方，四角攒尖顶，顶部自然收拢，檐下

神仓内的圆廪

饰以旋子彩绘。收谷亭之后，有一圆廪，黑琉璃瓦绿剪边，圆攒尖顶，造型独特，色彩绚丽，装饰精美，不仅有很强的观赏价值，亦有较高的实用价值。

收谷亭两侧，各有两排东西殿房，即为神谷仓。屋顶部开有气窗，造型小巧别致，亭亭秀丽。气窗自然由屋顶升起，令人赏心悦目。

乾隆朝建成的神仓，并不是该仓初建时的位置。起初的神仓，修建于明代庆成宫与旗纛庙之间。及至乾隆朝，皇帝以各军校场皆有旗纛之神祭祀为由，将先农坛内的旗纛庙拆除，并将神仓移至此地。旗纛庙北院的三座建筑亦划归神仓，其正殿成为祭器库，用以存放皇帝亲耕时的农具。这样一来，前存粮食、后放农具的神仓建筑群落便告完成。

作为明、清帝王观耕之地的观耕台

初建于明嘉靖十年（1531）的观耕台，起先仅为木质结构，而且要在皇帝每年亲耕之际临时搭建。建于清乾隆十九年（1754）的汉白玉石质新台，为正方形（长、宽各 8 米），通高 3 米，基座上有汉白玉围栏，四周覆琉璃砖，三面各有九阶台阶。每年仲春亥日，皇帝率百官在先农神坛祭拜先农神后，于具服殿更换亲耕礼服，随后到耤田（一亩三分地）举行亲耕礼。待三推三返礼毕后，皇帝登上观耕台，观看王公大臣及顺天府府尹带领大兴、宛平两县县令，顺天府的耆老、农夫等终亩。

先农坛内最恢宏的建筑太岁殿

太岁殿占地约 9000 平方米，内有四座单体建筑，沿中轴线从南向北依次为：拜殿，太岁殿，东、西两侧厢房，建筑间用围墙相隔，拜殿两侧墙及东西墙北侧均开设了随墙门。

拜殿建筑面积约 860 平方米。通面阔七间，约 51 米；进深三间（八椽九檩），约 17 米。前置 332 平方米的月台，正面置六阶台阶三个。后檐分别在明间、梢间前置六阶台阶。殿内北部减去金柱四根，其木构架结构与宋代李诫创作的《营造法式》中的规制类同。其屋面

太岁殿

单檐歇山式，黑琉璃瓦绿剪边。斗硕为五踩单翘单昂镏金斗硕，补间斗硕八十四攒。殿宇前檐中三间用四扇隔扇门，梢间下砌槛墙，上置四扇隔扇窗，尽间砌墙，后檐七间全开四扇隔扇门，隔扇形制为四抹头，菱花为三交六碗。

　　太岁殿建筑雄伟高大，建筑面积约1200平方米。通面阔七间约51米，明间、梢间前置六阶台阶，进深三间（十二椽十二檩）近26米。其木构架结构形式基本与故宫太和殿上层类似。屋面单檐歇山式，黑琉璃瓦绿剪边。殿宇前檐七间各开四扇隔扇门，其余三面砌墙，隔扇为四抹头，菱花为三交六碗。殿内明间北部有神龛而无神像。拜殿及太岁殿均用金龙和玺彩绘。

被称为"小故宫"的庆成宫

　　庆成宫位于神仓院的东南侧，是明至清中叶的斋宫。清乾隆朝整修并更名为庆成宫，作为皇上行礼后犒劳百官之地。斋宫始建于明天顺二年（1458），但其被明代皇帝用以斋戒的机会却少得可怜。及至明嘉靖朝，这里成了君王设宴祈祷丰收的场所。到了清代，皇帝更是很少在斋宫驻跸。清雍正九年（1731），皇帝下旨于紫禁城内建造一座斋宫，从而名正言顺地放弃了先农坛的斋宫。待乾隆二十年（1755），以祈求丰收为目的的庆成宫之名，正式取代了曾经的斋宫名称。

　　庆成宫分内外宫墙，两宫墙结构相似，均为绿琉璃瓦，歇山顶，檐下均为单昂三踩斗拱。其正殿明间坐北朝南，周围施以汉白玉栏板，将大殿围在中间，红墙绿瓦、和玺彩绘与汉白玉栏板形成鲜明的对比。后殿亦为五间，另有左右配殿各三间。正殿前有月台，汉白玉护栏围成，台上有日晷、时辰牌各一座。

虽然现而今庆成宫隐匿于现代建筑物中，但它仍不失皇家风范。

为诸神做饭的神厨

神厨位于太岁殿之西的神厨院，占地面积约 3800 平方米（不包括宰牲亭），坐北向南，北正殿五间，以藏神牌，东为神库，西为神厨，各五间，左右井亭各一。

神厨的大门，现仅存立柱及斗硕等木构架，建筑面积约 18 平方米，面阔 6.88 米，进深 2.6 米（二椽三檩），屋面为单檐悬山式。神厨库院正殿建筑面积 342.4 平方米。面阔五间 26 米，进深四间 13 米有余（八椽九檩），前檐明间置五阶台阶，屋内明间减去中心柱两根，悬山顶屋面，上铺削割瓦。建筑仅明间开四扇隔扇门，四抹头，其余各间为槛墙上开窗。

井亭建筑面积约为 49 平方米。六角形，每边长 4.34 米，三踩单昂镏金斗硕，有斗幽页，每边平身科斗硕二攒，周圈共有十二攒，角科斗硕六攒，室内无梁枋，由角科及其两侧平身科镏金斗硕后尾悬挑六角形脊枋，室内中心有井口，上置高近 80 厘米的六角形石井台，中心空置，与室内井口相对，以为天地一气之意。井亭正北有礓磜儿（台阶）。

神厨院落

作为中国古代建筑"活化石"的宰牲亭

宰牲亭位于神厨院西北部，其西边 2 米为先农坛西侧内坛墙。建筑面积为 261 平方米。面阔五间 20 米，进深三间约 13 米（六椽七檩），两层檐，室内为单层。上层檐为悬山顶，下层为四坡水。上层梁架形成面阔三间、进深一间的布局，金柱用通柱，并于柱身上的不同位置开卯口穿插承椽枋、角梁及抱头梁等，与周圈檐柱结构形成四坡水屋面。上下层均为削割瓦。室内明间正中心有长 2.4 米、宽 1 米有余、深 1.3 米的毛血池，为宰杀牲畜所需，池上下均有排水口，建筑明间及次间设门，梢间为窗。

神厨院建筑彩画，均为墨线大点金龙锦枋心旋子彩画。宰牲亭外檐彩画，无地仗，直接绘于大木上，内檐彩画为旋子彩画，枋心图案不清。

为皇帝更衣使用的具服殿

具服殿居于太岁殿拜殿东南方向、观耕台北侧，绿琉璃瓦单檐歇山顶，高约 9.9 米（除台基）、面阔五间、进深七间，其建筑面积将近 400 平方米，大殿内檐绘制金龙和玺彩画。根据专家考察，具服殿的斗拱与大木构件局部，皆具有明显的明代建筑特征。月台高约 1.65 米，占地面积约为 255 平方米。具服殿的建造时间，至迟为明嘉靖十一年（1532）。

具服殿于民国十六年（1927）改称诵豳堂。1949 年后成为育才小学的图书馆，直到 1997 年被腾退修缮。

与中轴线相一致的天桥和它附近的建筑

并不很大的地面上多种元素交汇相融

档案记录中的天桥

在中轴线上，有两座名气最大的石桥：一座是后门桥，另一座就是天桥。至于前门之桥（正阳桥）、内外金水桥等，都不如这两座桥在民众中的名气大。

天桥出现自何时，尚不可考。但其最初的形态一定是座木桥。待到明、清之际，天桥已成为汉白玉石桥，其为南北方向，两边有汉白玉栏杆。于桥北东西两侧各有一个御碑亭，亭内分别矗立着镌刻着《皇都篇》《帝都篇》的御制碑，以及《正阳桥疏渠记》碑。据黄宗汉主编的《天桥往事录》中的说法："（天桥）桥身很高。由桥南向北看，看不见正阳门；由桥北向南看，看不见永定门。"光绪三十二年（1906），天桥的高桥身被拆掉了，改成一座低矮的石板桥，天桥两侧的御碑则被移至弘济院、斗姆宫内存放。

民国时期的天桥

民国时期的天桥为何样式，民国八年（1919）曾有过这样的记载："天桥位于天桥南大街北口，跨天桥明渠上，是一座单孔石拱桥。桥面呈穹窿形，两侧有节间式白石栏杆，每侧有望柱十根，栏板九块，抱鼓石两块。其中，桥身段有望柱六根，栏板五块，八字栏杆各有望柱两根，栏板两块，抱鼓石一块。四道栏杆将桥面分割成三部分，桥面是花岗岩石板，中间是青石板御道。由于桥面隆起较高，是年改修桥面，拆取桥面上二道石栏杆，改修穹窿形为平缓弧形桥面。"

民国十八年（1929）有这样的记载："拆除天桥上部结构，暗沟穿过天桥桥孔，天桥的下部结构埋于地下，暗沟上面修筑道路。"曾经的虎坊桥至龙须沟下游的明渠，此时已然改成暗渠。在暗沟上面修

筑道路：虎坊桥至太平桥南街北口，被命名为虎坊路；自太平桥南街北口至西经路，被命名为永安路；永安路以东到天桥，被命名为天桥西沟旁大街。民国二十三年（1934），天桥被全部拆除，桥址亦不复存在，但是天桥作为一个地名被保留了下来。

关于天桥地区的历史，在民国文人张次溪的《天桥一览》中有着较为详尽的介绍。据此可知，明永乐初年，天桥两边曾有"穷汉市"。天桥地区最早的"市面"，便是从那时流传下来的。在天桥的南侧，原有大片种植荷花的池塘、水面，塘内备有画舫。每逢夏季，此地游人络绎不绝。到了清初，由于天坛、先农坛附近空地禁止百姓建造房舍，使得天桥地区市井萧条。到乾隆朝，天桥北侧重新热闹起来。

乾隆二十年（1755），由于天坛内的神乐观改作神乐署，署内廊下空房对民众开放，准许百姓开设商铺、茶馆，使得天桥南侧亦趋繁盛。当然，天桥地区商业娱乐的第一个"黄金时代"，出现在晚清、民国时期。此时，天桥地区已然成为北京城区规模最大、最具京味儿特色的市民商业、娱乐中心。此番盛况一直持续至民国二十六年（1937）卢沟桥事变爆发前夕。按照民国文人齐如山的说法："天桥者，因北平下级民众会合憩息之所也。入其中，而北平之社会风俗，一斑可见。"

民国时期"天桥刑场"的设立，似乎也在印证着天桥地区的市面繁华。昔日的刑场，大多设置在民众聚集的地方。元代刑场设于柴市（如今的交道口），明代设于西市（如今的西四），清代则设于菜市口。及至民国时期，刑场改在天桥的东南方，后移至先农坛南墙外。中华人民共和国成立初期的"李安东案件"主犯，便是在 1951 年 8 月 17 日于"天桥刑场"伏法的。

《正阳桥疏渠记》碑与"两都篇"御制碑

居于天桥东侧、天坛西北角位置，有一条名叫红庙街的胡同。此前，这里有座名为弘济院的清乾隆朝所建庙宇，被坊间称为"红庙"。在民国时代的北平地图上可以看到，红庙的规模并不算大，位于龙须沟的北岸。

依照坐北朝南的寺庙方位，弘济院的山门应该开在而今天坛路的街面上。曾经的天坛外坛墙，要比目前的坛墙北进 20 米。（1955 年，天坛外坛墙被南移。市政部门于外坛墙原址上铺设了简易的沥青碎石路面。及至1988年，天坛路才被建成现在的模样。）

若从这个角度来看，那通《正阳桥疏渠记》碑，就该位于弘济院山门内侧。那么，《正阳桥疏渠记》中记录了些什么？乃乾隆五十六年（1791）治理天桥地区南河道工程之事。清初天桥一带的水道，自今永安路向东，经金鱼池、状元桥、红桥，至左安门西流入外护城河。这水道流经天桥南侧的渠段，由于经常淤塞，导致每遇夏季大雨，便会使天桥至永定门附近成为一片泽国，于是乾隆帝乃兴工治理。待此疏渠工程完成之后，水道被拓宽加深，从而在一定程度上缓解了内涝压力。如此业绩，怎么不令晚年的乾隆帝高兴呢？他底下逢迎之人又怎能不歌功颂德一番呢？由此，一通巨碑便诞生了。

如今，依然置于居民杂院深处的《正阳桥疏渠记》碑，其南侧已经成为新修绿化带的一处景观。

与《正阳桥疏渠记》碑并立者，则是如今放置在首都博物馆大门东侧的镌刻着《皇都篇》《帝都篇》的御制碑。此碑曾于清光绪三十二年（1906）移至天桥十字路口西北方的斗姆宫内。民国四年至八年间（1915—1919）又被移至先农坛内存放。1949年，育才学校进驻先农坛时，御制碑尚立于内坛的东北角。在1958年"大跃进"期间，该碑被人为推倒，散放于地表。此后，由于"文化大革命"期间大挖防空洞，碑的各个部件被陆续埋入地下，直到2005年才被重新挖掘出土。

有关部门将此碑与《正阳桥疏渠记》碑进行复制，并矗立于后来重建的天桥两侧曾经的位置上。

《正阳桥疏渠记》碑

香厂近代建筑群

民国时代的天桥，其大致范围是东起金鱼池、天坛外坛西墙根，西至先农坛外坛东墙根，北抵珠市口大街路南，南达永定门城楼。自从先农坛的北侧外垣被拆除之后，天桥的范围明显扩大。此时天桥南大街（以旧日天桥为坐标）的东、西两侧，分别为东市场和西市场。东市场只有西市场的 1/3 大小，其紧贴着天坛外坛墙西北拐弯处。而今，东市场的基本格局尚存，但已经没有市面，整个区域环境相对较差。至于西市场，则是天桥的主要商业与民众娱乐区域。这里的街巷、店铺、地摊等要比东市场多很多。本节内容中主要涉及的部分，便是西市场。依照民国文人张次溪的说法："天桥约略可分为娱乐场和市场两部分。由第一、二路电车的末站起，西边算是娱乐场，东边算是市场。"

天桥著名的水心亭景观区，大体消失于民国十三年（1924）。而位于此景观西北端、先农坛外垣门一带，于全民族抗战爆发前夕，已经被开辟成为先农市场。在水心亭以西，即先农坛的东墙之外，一路南至先农坛的东坛门处，原本有跑马场一处，这也是近代京城难得的大型西洋文化娱乐区。据说，在民国初年，来此消遣的纨绔子弟，大多于场内骑马驰骋，或是挥金一博。然自从先农坛外垣尽行拆毁后，该地亦走向衰落，至 20 世纪 30 年代已然被当作"前朝遗事"。

位于先农坛外坛北侧的香厂地区，于民国时期已经是一派现代化的景观了。昔日的香厂一带，地势甚为低洼，所以市民居所大都避之。根据时人所言，这里"多半是皮子作坊，名为香厂，其实是恶臭逼人"。由于此处的空地很多，所以便于规划，可以减少地价与拆迁成本。因而，担任京都市政公所督办的朱启钤，便将此地作为他推行"模范市区"建设的试点。依照民国八年（1919）的《京都市政汇览》中的说法，民国三年（1914）市政府开始进行规划。以南抵先农坛，北至虎坊桥大街，西至虎坊路，东到留学路，划分万明路、香厂路、保吉路、华严路、仁民路、永安路、阡儿路、虎坊路、大川路、板章路、留学路、香仁路、华仁路、仁寿路 14 条路，经纬纵横。而以仁民医院、东方饭店和新世界商场为地标的香厂新市区，亦成为北京近代化的样板。尽管遭遇了民国十七年（1928）的首都南移，但香厂路的繁华依然未减。

"新世界"与城南游艺园

民国以降，由担任过吴佩孚手下江西督军的陈光远所投资建造的北京"新世界"，具有相当的影响力。这座效仿上海"大世界"的被京城民众称为北京"新世界"的南城地区文化娱乐场所，对于外城民众的娱乐风尚的形成，曾经起到过重要的推动作用。至于投资人陈光远，其为直隶省武清人，由于在江西大肆掠夺民脂民膏，导致坊间流行着"穷了江西一省，富了武清一家"的说法。在陈光远最为宠爱的五姨太的策划下，她所聘请的英国工程师，将"新世界"建筑设计成轮船模样的外形。这倒也很符合她心中"船要向前（钱）开，就要'钱'"的理念。待民国七年（1918）"新世界"开业之际，它于北京南城一带率先安装了首部电梯。至于京城的其他电梯，不是安装在北京饭店，便是六国饭店的楼宇之内，这些都与普通民众无涉。因此，没有乘坐过电梯的京内民众蜂拥而至。一时间电梯内人满为患，甚至还出现了踩踏死伤的事故。

此电梯的两侧，有着高大的铁栅栏。在铁栅栏上，悬挂着的是当红名伶的大幅剧照。在一层的走廊两侧，则摆放着几面凹凸不平之哈哈镜。而在走廊的右手一侧，乃是"新世界"的售票处。楼内的所有娱乐项目，皆属于一票制。待游客购买了通票后，便可随意游玩。"新世界"二层东侧为电影院，西侧为杂耍场地，北侧为商场，南侧则是茶屋；三层东侧为照相馆，西侧为说书场地；四层西侧是吉士林番菜馆，北侧是大菜雅座间，南侧则为咖啡馆；五层（也就是顶层）的屋顶花园，实乃南城所有建筑的制高点。若于此地品茗观景，其效果则出奇地好。在屋顶之上，南望乃永定门城楼、燕墩，直至南苑；北眺则为正阳门城楼、天安门、紫禁城、景山与三海；东观且能见到通州燃灯塔；西览便是大西山之美景。此"新世界"乃京城一时之关注焦点，即便是五四运动的领袖们，亦将这里当作他们宣传进步思想之地。比如，民国八年（1919）6月11日晚，北京大学文科学长陈独秀于"新世界"屋顶花园处向下抛撒《北京市民宣言》的传单。最终，他被跟踪至此的警察、便衣等逮捕，从而成了轰动一时之爱国政治事件。

五四运动的激情渐渐褪去之后，"新世界"的喧闹依然。直到民国十七年（1928），由于受国民政府南迁之影响，才最终导致"新世界"的萧条。时隔未久，已经亏损严重的"新世界"黯然关门，成了桂系军阀白崇禧的兵营。再至民国二十六年（1937）卢沟桥事变爆发之后，"新世界"原址变成了日本侵略者的"北平犯人收容所"。一段

"新世界"

屈辱且不堪回首的往事，便在这座曾经的市民乐园中上演。

　　提及香厂路，不得不说城南游艺园。在全民族抗战爆发前夕，此园已经淡出了人们的视野。究其原因，据说是一位名为"燕三小姐"的名媛坠楼而亡，导致游艺园以"不安全"为由被封。而那位名媛之所以坠楼，乃是游艺园的楼板突然坍塌所致。由此想来，城南游艺园的建筑质量确实堪忧。当然，自民国八年（1919）开业之时起，这座一直以"新世界"为竞争对手而建造的京城南部地区最大规模的综合性游乐场所，曾吸引过不少人气。在城南游艺园内，开设台球馆、保龄球馆，上演文明戏（话剧）、评戏、京剧、曲艺、魔术、木偶戏，可放映电影，且有诸多饭馆。单以京剧而言，此地乃京城极具特色的

"坤班"演出地。坤班中的所有角色，皆是坤角儿（女性演员）。如此热闹的城南游艺园，在京南一带可谓独一无二。

东方饭店

东方饭店在前门外万明路，此地十分清静。据说，作为民国初年北京最高档的饭店之一，东方饭店是于民国七年（1918）2月在古刹万明寺遗址上落成开业的，且京城各大报纸都在当天显著位置刊登了消息。当时北京高档饭店只有北京饭店和六国饭店，而这两家都是外资开办、外国人管理的。只有东方饭店乃当时北京唯一一家由国人投资经营的高档饭店，所以一经开业便生意兴隆。一些在洋饭店被看作二等公民的达官贵人和民族情结浓厚的人士唯东方饭店是选。每逢国会开会，南方各省议员进京多下榻于此。因大量接待政府要员、军界高官和富商巨贾，东方饭店成为京城各报社记者关注和报道的对象。

待民国七年秋冬之际，钱玄同、黎锦熙、赵元任、刘半农等著名学者入住东方饭店，探讨汉字的注音问题。或许当时，他们自己也没有意识到这次研讨将对中国语言文字的发展起到多么重要的作用，经过废寝忘食的努力，以国际通用的罗马字母为汉字注音的方案诞生了。当年北洋政府正式公布了这套"注音字母"，从此开始了汉字注音的字母化。时隔40年，1958年周恩来在《当前文字改革的任务》报告中指出，由钱玄同、黎锦熙、赵元任等制定的国语罗马字，由瞿秋白、吴玉章等制定的拉丁化新文字，是中国人自己创制的拉丁字母式的汉语拼音方案中比较完善的两个方案。在谈到现在拼音方案的时候，不能不承认他们的功劳。

自然博物馆

中华人民共和国成立后的北京中轴线上，先后出现了三座国家级博物馆，其中位置偏南的一座，便是自然博物馆。这座位于天坛公园西侧的、当时国内规模最大的自然博物馆，以展示古代生物化石、动物标本、植物标本、昆虫鸟兽标本、矿物标本，以及各种动植物资源的图片为主。自然博物馆建于1958年，占地面积为8400平方米，楼高三至四层，采用坡屋顶，建筑设计对称庄重。场馆内有大展厅一室，中展厅四室，小展厅八室，讲演厅一室。整个自然博物馆以自然采光为主，辅之以人工照明，光线与通风皆内外通透。这在我国经济实力尚且薄弱之时，的确是一座设

自然博物馆

计得十分成功的建筑。

　　作为几代京城孩子魂牵梦绕的地方，自然博物馆开启了无数人追寻自然奥秘的大门。笔者曾写过这样一段回忆文字："每回我进到馆内，准会莫名兴奋地在一层大厅内大喊大叫，以此抒发情怀。一层大厅的中心展区，是被一道大理石磨面的影壁墙挡着的。在影壁的中间，镶嵌着几个镏金大字——古生物展厅。只要见到这面墙，我的心便会怦怦直跳，一边思量着，立在墙后面的那几具巨型恐龙骨架，该是如何地欢迎我，我又该怎样与它们打招呼。绕过影壁，与大恐龙们相逢，面带笑容的我，准会将其从上到下看个够。等看'饱'了，再抬着头，欣赏那围绕着古生物大厅的硕大油画。从万物初祖的三叶虫，一路看到晚期智人。边看边开心地笑着。仿佛眼睛扫上这一圈，亿万年的自然进化史，就都会被我经历过一番似的。"

从前门外到东、西交民巷：中轴线上的东西方文化融合之地

瑞蚨祥绸缎庄　盛锡珊绘

前门外近代商业建筑群

古老中轴线上涌动着近代的商业文明之潮

　　自旗汉分治以来，京师的外城，就成了首善之区的市场与商业设施最为集中且消费人流最为密集之地。然在此外城中，最为喧嚣热闹的所在，还要数正阳门大街。所谓的正阳门大街商业区，实际上是在明代"朝前市"基础之上发展起来的。其大致范围是以大清门前的棋盘街为北界，珠市口大街为南界，长巷二条为东界，煤市街为西界。在清末仲芳氏所著《庚子记事》中，就曾留下过这样的一段话："凡天下各国，中华各省，金银珠宝、古玩玉器、绸缎估衣、钟表玩物、饭庄饭馆、烟馆戏园，无不毕集其中。京师之精华，尽在于此；热闹繁华，亦莫过于此。"此番景象，绝不止出现在一两部清代中叶以后的京师方志文献里。

前门大街夜景

平阳会馆戏楼

在商贾云集的正阳门外地区，连同崇文门外、宣武门外地区在内，于清代中叶形成了大批的会馆群落。仅在中轴线上，就有正阳门外长巷的南京绸商所建的东元宁会馆；鹞儿胡同内有平介会馆、徽州会馆、浮山会馆；校尉营内有宜兴会馆；西珠市口大街上有潞安会馆、仁钱会馆、北京商会、赣宁老馆、九江会馆、津南会馆、南京试馆、庐州会馆、宜昌会馆、赣宁会馆、洛中会馆、吉安会馆、丰天会馆；施家胡同有青阳会馆、广德会馆；王皮胡同有仙城会馆；煤市街西侧有漳州会馆、赣州会馆、泉郡会馆；大栅栏内有临汾会馆；廊房头条有南昌县馆；西河沿有大宛会馆、渭南会馆；排子胡同有凤阳会馆、江夏会馆等，不一而足。

位于前门外小江胡同的平阳会馆，始建于清嘉庆七年（1802），乃山西平阳府及周边二十余县商人联合修建（平阳府，即而今的山西省临汾、运城两地级市，以及吕梁市石楼县、晋中市灵石县辖境）。

平阳会馆由三进四合院和戏楼组成。其中，中路四合院有倒座，南北厢房，戏台和戏楼相通。南、北两路院子为会馆用房，均保持原风格，各院有门道互通。中路、北路院子为民居，各院之间的门道已封闭，仅存一院落与戏楼相通。

平阳会馆戏楼建于清乾隆朝。此建筑为十二檩卷棚前后双步廊悬山顶木结构建筑。楼内部雕梁画栋，客座分两层，二楼正中对戏台，是卷棚顶前轩式的官厢。两侧为看廊，可放置方桌凳椅，看廊边缘有木质护栏、雕花栏板和望柱，后角两侧设置楼梯供人上下。楼下场地为方形，是普通席。楼上下壁面有木棂窗可以敞闭，用以通风和采光。戏台呈方形突出于场内，前有两根台柱，柱上挂抱匾。分上中下三层，上有通口，下有坑道。戏楼两侧的壁面上绘有戏剧壁画，并设有神龛，供祭祀之用。面对戏台的后壁正中嵌有四联石刻，记载会馆建置沿革和修葺情况，字迹已模糊不清。

戏楼内原悬巨匾数块，后仅存墨地金字木匾二方，其中一为明末清初王铎题写的"醒世铎"。"文化大革命"期间，戏楼被同仁堂制药厂占作药材仓库。2001 年，北京市政府对其进行腾退。2002 年，对会馆进行修缮。

汀州会馆北馆

位于前门外长巷下二条的福建汀州会馆，始建于明代弘治年间（1488—1505），乃福建省居京的同乡集资修建（汀州便是而今的长汀）。该会馆分北馆和南馆两部分，且隔街相对。北馆是福建省清流籍裴应章尚书于万历十五年（1587）捐宅为馆。馆内有福建汀属八邑旅平同乡会。北馆先建，共有院落六个，房屋五十余间。中院为主院，有五开间大殿，院内原有祠堂，供奉天后娘娘和会馆创建先辈的牌位。祠堂的梁、柱、门、窗均由江南杉木制作，屋顶起坡平缓，前廊后庑。廊内装修一色花格子卷帘雕花门窗，廊顶露明天花，雕刻出象鼻形椽子，挑尖梁上有双象形蜀柱，梁头镂雕出天马、神牛等多种动物纹饰。其他各院落均各成一体。南馆为清乾隆朝建成，其中有大殿，内祀奉文魁星像，建筑规模较小。馆里原存匾额、石刻碑记及雕塑等文物，已无存。1987年11月，北馆被公布为划定保护范围及建设控制地带，保护范围系所存会馆北馆主院正房建筑。

瑞蚨祥建筑门面

于晚清、民国时代的京城之内，曾有八家带"祥"字的绸布店，被称为"八大祥"。"八大祥"分别为瑞蚨祥、瑞生祥、瑞增祥、瑞林祥、益和祥、谦祥益、东升祥、丽丰祥，在这八家商铺中，除了东升祥开设于东四、丽丰祥开设于西四外，剩下的几家均开在前门一带。

瑞蚨祥始创于清同治元年（1862），乃山东省章丘县（临近济南的一个县）旧军镇孟氏所开设，此为"八大祥"中规模最大、资金最为雄厚的一家绸布店。位于西城区大栅栏街5号的瑞蚨祥绸布店，开业于清光绪十九年（1893）。该店的最早铺面只存留到光绪二十六年（1900），便被"庚子国变"的一把大火烧尽。重建的新店于光绪二十七年（1901）正式营业后，一跃成为北京最大的绸布零售商店。据说，作为"同宗兄弟"的瑞蚨祥与谦祥益竞争十分激烈。为了能够压倒对方，瑞蚨祥甚至不惜赔本售货。大栅栏内凡有"够局面"的店铺转让，瑞蚨祥便一定要搞到手，不问价格高低。瑞蚨祥的老板与同仁堂乐家关系甚好，通过乐家的门路，这些店铺终归瑞蚨祥。及至清末"新政"时期（20世纪初），瑞蚨祥于大栅栏内又开设了西鸿记绸布店、鸿记皮货店、东西鸿记茶叶店等。至此，大栅栏半条街几乎都被瑞蚨祥的买卖占据。时人有言"头顶马聚源，脚踩内联升，身穿瑞蚨祥，腰缠四大恒"。直至中华人民共和国"开国大典"上，毛主席升起的第一面五星红旗所用的面料，即由瑞蚨祥提供。

瑞蚨祥绸布店建筑群的平面布局为中国传统的四合院式，但临街的建筑均为楼房。房间比传统四合院的间数要多，是平房与楼房相结合的新型四合院。瑞蚨祥建筑群中最主要的是西边的一大组建筑，即主营丝绸布料为主的西鸿记绸布店。西边最高大的临街建筑，就是绸布店的营业楼。该楼建于民国十二年（1923），建筑面积3520平方米，高度约11米，钢结构和砖木结构相结合，其建筑风格以中国传统建筑形式为主，是中国早期中西合璧的商业建筑。

瑞蚨祥鸿记绸布店为一座三层楼，高大雄伟，在商埠区非常特殊。楼的正立面东西有两座对称的四层方形塔楼。一、二层为长方形窗户，三层为圆形窗户，最高一层是中国传统的有着四角攒尖顶的四

瑞蚨祥鸿记

方亭，这种塔楼借鉴了西方教堂的建筑形式。两塔楼中间为瑞蚨祥鸿记绸布店营业厅的南山墙。两座方塔比营业厅往南突出一间。营业厅还有一前廊，下雨雪时，可以让顾客在此暂避一时，设计得比较人性化。营业厅大门上方即两楼之间砌一矮墙，正好作为商号的长匾用。

谦祥益（益和祥）建筑

　　谦祥益绸布店，亦是北京著名的"八大祥"之一，始建于清代道光朝。谦祥益最初的店铺是在正阳门西月墙，至正阳门瓮城拆除后，才于民国四年（1915）迁至廊房头条路北。它将聚泰德干果店的铺面盘了过来，建成一个门前有小广场、上有高大铁罩棚的颇具气势的店铺。在晚清、民国时期，作为一对竞争对手，北京的谦祥益始终敌不过瑞蚨祥，所以一直进不了大栅栏；天津的谦祥益却占据了上风，瑞蚨祥反倒居于次席。1955年，谦祥益迁入珠宝市街，与益和祥合并，为现在的谦祥益。目前，已更名为北京丝绸商店的谦祥益，是全国规模最大、经营品种最全的丝绸专营店。

北京谦祥益（益和祥）的建筑结构，与同为山东章丘旧军镇的孟家之后孟洛川所创丝绸店"瑞蚨祥"一样，都是两层木质天井结构，后为扩大营业面积，将天井填平、楼梯改道，但依然保存着老店的风貌。

祥义号建筑门面

祥义号绸缎店始创于清光绪二十二年（1896），由当时杭州著名丝绸商贾世家冯氏家族传人冯保义联合慈禧太后手下太监总管"小德张"（本名张祥斋）共同创办，迄今逾百年历史。"祥义"二字，取自创办人张祥斋的"祥"字与冯保义的"义"字，寓意"天降祥瑞""恪守信义"。"小德张"是清代最后一位太监总管，字云亭，在内宫太监中排辈兰字，序号张兰德，慈禧太后赐其名"恒泰"，宫号"小德张"。他是天津静海县南吕官屯人，光绪十四年（1888）12岁净身，光绪十七年（1891）入宫当太监，光绪十八年（1892）被派入宫内南府升平署戏班学京剧武小生。因技艺精湛，深受慈禧太后赏识。光绪二十四年（1898）被提升为后宫太监回事。光绪二十六年（1900）"庚子国变"中，"小德张"随慈禧太后"西狩"，回京后升任御膳房掌案，三品顶戴。宣统元年（1909），按照慈禧的遗旨，"小德张"升

祥义号

为长春宫四司八处大总管。各王公贵族、朝廷大臣晋见隆裕太后，必须得到"小德张"的首肯，权倾一时。祥义号绸缎店开张后，由于投资人的身份显赫，加之货源渠道广阔、商品质量上乘，从而吸引了众多顾客，使得祥义号成为与瑞蚨祥比肩的重要店铺。

为了吸引顾客，争夺市场，祥义号从商品销售到门面装修，甚至正月十五花灯会等，皆与西邻的瑞蚨祥展开激烈竞争。起初两家都是普通门面，后来，瑞蚨祥在店门前围了小院，并装上了大铁门，祥义号随后把店前小院的砖墙拆除，换上了更加高大精美，并镶有花饰的铁栅栏门面。不久，瑞蚨祥又把店前铁罩棚改成可升降的铁罩棚，祥义号随即也改装成了活动铁罩棚，并比瑞蚨祥又高一些。这段"瑜亮争锋"的往事，有两家的豪华门面为证。不仅为大栅栏商战增添一段佳话，同时也是其繁盛历史的鲜活见证。祥义号店面外立面为两层楼高的西洋巴洛克风格铁艺大棚，上有铁艺做成的方柱、铁栅和出挑的棚檐，铁花繁密、做工精细，历百余年风雨不倒。

1956年，祥义号更名为前门妇女服装店，专门经营女装。1999年，该店在产业重组后再度更名为宜诚厚商场，经营国内外男女精品服装、传统服装、戏服等。

劝业场建筑

劝业场始于光绪三十一年（1905）清政府设立的京师劝工陈列所。此乃官办的工艺局产品展销场，承担民族工商业的展示功能。

北京劝业场

民国二十五年（1936），国民政府将京师劝工陈列所划归给北平市政府，原址重修，正式更名北京劝业场，即北平市国货陈列场。在内忧外患的岁月里，"劝业"二字寄托了一个时代实业图强的希望，意为"劝人勉力，振兴实业，提倡国货"。

北京劝业场曾引领京城商业潮流，是清末民初时期京城首幢大型综合商业楼，首设厢式电梯、游乐场、开敞式卖场。它吸纳当时世界先进的建筑技术，采用最先进的钢筋混凝土结构和"镶嵌"花瓶栏杆阳台等西式古典装饰，代表当时京城的最高建筑水平。它与王府井的东安市场、菜市口的"首善第一楼"、观音寺街的青云阁并列为京城四大商场。陈宗蕃先生在其《燕都丛考》中曾这样描述北京劝业场："最是令人注意者，则为该街极东之劝业场……层楼洞开，百货骈列，真所谓五光十色，令人目迷。"而今来看，曾经的四大商场，依然保留原有建筑者为青云阁，被彻底改造者为劝业场与东安市场，踪迹全无者乃是"首善第一楼"。

大观楼影院

在百余年的中国电影发展史上，大观楼影院是绝不容被忽视的。全民族抗战爆发前夕，大观楼影院尚处于风头正劲之时。这座中国国内第一家电影院，于清光绪三十一年（1905）已由马思远茶楼更名为大观楼。那时候，此地放映的第一部影片名曰《麻风女》。而大观楼的经理则利用一台法国手摇木壳摄影机，拍摄了中国的第一部国产影片《定军山》。彼时的大栅栏，总共有庆乐、同乐、三庆、中和、广德楼和大观楼等6家戏园，然只有大观楼一家成了新式的电影院。大观楼影院于民国二十年（1931）上演了中国第一部有声电影《歌女红牡丹》；时隔未久，其第一次在国内的电影院中实现了男女同座；过了10年，这里成为国内第一家购买法国百代35厘米的固定式放映机的影院；至民国三十七年（1948），此地又上映了国内第一部彩色电影《生死恨》。20世纪60年代，大观楼影院仍领时代之先，第一次上演了宽银幕电影。

中和园

距离大栅栏不远处的粮食店街上，还有一家名为"中和园"的不大不小的剧场。这家两层砖木结构的剧场，为名角儿荟萃的地方。据说，在民国二十年（1931）九一八事变爆发的当晚，少帅张学良便是在此观看梅兰芳出演的《宇宙锋》，待下属副官告之，他才意识到沈阳的北大营出了大事儿。

盐业银行旧址

位于西城区前门西河沿街的盐业银行，乃民国四年（1915）由袁世凯批准建立。其发起人为张镇芳，他是袁世凯的表弟，曾任总统府顾问。张镇芳为该行的第一任董事长兼总经理，民国六年（1917）因参与张勋复辟而被捕，其总经理职务由当时天津造币厂厂长吴鼎昌接任。张镇芳是民国时期著名文人、"民国四公子"之一的张伯驹的父亲。张伯驹也是著名的收藏家、诗人、书画家，在艺术上颇有造诣。他曾在中华人民共和国成立后，将自己收藏的一批珍贵书画，无偿捐献给故宫博物院，如陆机的《平复帖》、展子虔的《游春图》等。早年的张伯驹，于民国十六年（1927）投身金融界，并在盐业银行担任过诸多职务，如盐业银行总管理处稽核，南京盐业银行经理、常务董事，秦陇实业银行经理等。

盐业银行曾在国内颇具影响力，与西交民巷的金城银行、大陆银行、中南银行合称为"北四行"。1953 年后，盐业银行参加私营金融业的公私合营，从而完成了历史使命。

盐业银行旧址

　　盐业银行建筑占地面积约 800 平方米。钢筋混凝土砖混结构。面阔七间，以红砖墙为主调。两端用块石饰壁柱，柱头有雕饰。中间五间用二层高的爱奥尼亚柱式，上做檐壁、檐头。三层窗头用三角形山花装饰，最上端有花瓶栏杆式女儿墙。其余三面装饰简单，红墙局部用白色腰檐和白色窗套。门窗洞口较大，一层用弧形拱券，二层、三层为方窗。1995 年，它被公布为北京市文物保护单位。2004 年，它被公布为划定保护范围及建设控制地带，保护范围为建筑本身及散水、台阶投影范围。2018年11月，盐业银行旧址入选第三批中国"20世纪建筑遗产项目"名录。

交通银行北平支行旧址

作为国家级金融机构的交通银行，始建于清光绪三十三年（1907），总部设在北京。此后，交通银行历经了清宣统朝、民国北洋军阀时期。及至民国十七年（1928），国民政府迁往南京，北京更名为北平，原交通银行总部的业务随之大减，且成为交通银行天津分行下辖的北平支行。

位于北京市西城区前门西河沿街9号的交通银行北平支行，与盐业银行毗邻，创建于民国二十六年（1937），系著名建筑师杨廷宝的代表作。

作为现代中国最为杰出的建筑设计师，杨廷宝于20世纪30年代，先后主持过北平地区一些重要古建筑的维修工程，如天坛圜丘坛、天坛祈年殿、北京城东南角楼、西直门箭楼、国子监辟雍、中南海紫光阁、正觉寺金刚宝座塔、碧云寺罗汉堂等。此外，他还主持或参与设计过清华大学生物馆、清华大学气象台、清华大学图书馆扩建工程、清华大学学生宿舍明斋、交通银行北平支行等工程。

待到50年代，杨廷宝主持或参与设计了北京和平宾馆、徐州淮海战役革命烈士纪念塔、北京火车站、南京长江大桥桥头堡工程建筑、南京民航候机楼、中国人民英雄纪念碑、人民大会堂、毛主席纪念堂、北京图书馆等工程。

交通银行北平支行旧址

　　交通银行北平支行建筑为地上四层、地下一层。立面装饰带有中国传统建筑中牌坊的特征，水刷石饰面花岗石贴面基座，顶部做半拱琉璃檐，门窗加琉璃门罩和雀替。1995年，它被列入北京市第五批市级文物保护单位名单。2004年，它被公布为划定保护范围及建设控制地带，保护范围为建筑本身及散水、台阶投影范围。2018年，它入选第三批中国"20世纪建筑遗产项目"名录。

正阳门车站（正阳门东站、西站）
反映维多利亚时代特色的中轴线建筑

蠹立在正阳门箭楼东南侧（起初是在内城南墙与护城河之间）的京奉铁路正阳门车站旧址，始建于光绪二十九年（1903），完工于光绪三十二年（1906）。在其西侧，还蠹立着另一座火车站——正阳门西站（乃平汉铁路之终点）。西站与中轴线"约会"的时间，要早于东站，始建于光绪二十八年（1902），由法国人主持修建。也正是修筑西站的那一年，法国人将铁轨铺设到了距离皇城最近之处。由此，帝都的"龙脉"被一条工业化之"黑龙"所扰动，而中轴线上的宁静亦被彻底打破。

京奉铁路始于光绪七年（1881）建成的唐（唐山）胥（胥各庄）铁路，后者全长 9.67 千米。光绪十三年（1887），铁路延至阎庄，改称唐阎铁路。同年再延至芦台，又改称唐芦铁路。光绪十四年（1888）延至天津，改称唐津铁路，长为 130 千米。光绪二十年（1894）北延至榆关（山海关），从此称榆津铁路。光绪二十三年（1897）延至右安门外马家堡。光绪二十七年（1901），在八国联军占据北京城期间，英军将铁轨铺设至正阳门箭楼的东南侧，并开始建造简易的车站，这便是正阳门东车站的雏形。于此地建造车站的目的，是为了方便东交民巷使馆区的外国人出行。及至光绪三十三年（1907），历时 20 年建造的关内外铁路全线通车，即为干线全长849.39 千米、干支线总长 1400 千米的京奉铁路。其北端点是奉天（沈阳），南端点则为北京正阳门东车站。

走出正阳门东站的切身感受，曾被 1931 年初秋初到北平的著名学者侯仁之所铭记，"那是我在中学的最后一年，夕阳西下的时候，我走出北京东站，那时东站在前门外的东边。灯火辉煌之中，我看见正阳门的箭楼雄伟地矗立在那儿，雄伟的建筑，深厚的城墙，给我留下了非常深刻的印象"。对于正阳门东站本身的印象，亦留在著名学者周汝昌的记忆里："出了北京车站，回头一望，见那是一座弧形顶红砖建筑，当时那是个很洋气的物色了。""出站是向西行，右手就是一排带廊子红柱的房屋，已与别的地方两样。"著名记者萧乾在回忆文章中这样写道："我们沿着长长的站台，往西走向出站口，一边走一边扭着脖子往北看——那和站台平行的灰灰的高高的城墙。出了站，抬头便是正阳门和箭楼，高大巍峨、古色古香，背后衬着洁净的蓝天。北京站选择的地址实在好，旅客下车马上就能领略到古都风貌。"此段文字，是出现在中华人民共和国成立的那年。要说起来，自清光绪三十二年（1906）至民国三十八年（1949），正阳门东站一直都是北京城内最大的车站，亦是外乡人入京的门户。这座体现 20

世纪初期英国维多利亚建筑风格的火车站，也成了西方工业文明对东方农业社会产生巨大影响的一个象征之物。只不过，那位变成建筑风格之代言人、被誉为"欧洲祖母"的英国维多利亚女王，已经于光绪二十七年（1901）撒手人寰了。

正阳门东车站建筑面积 3500 平方米，车站建筑为欧式风格，地下二层，地上三层。站内原有站台三座，长度约 377 米，其中两座有风雨棚。车站东的原北城墙上凿有城门，通向东交民巷使馆区，俗称"水关"。车站西端设候车室，普通候车室位于大楼内，一、二等候车室则另有候车厅，候车厅总面积达 1500 平方米。

民国元年（1912）、民国十三年（1924）孙中山曾两次抵京，均于正阳门东车站下车。待民国二十六年（1937）后，先后易名为前门站、北平东站，及至中华人民共和国成立前夕迎来送往一批批重要客人之后，正阳门车站渐渐完成了历史使命。待 1958 年建成于东单闹市口的北京火车站交付使用之际，正阳门东站总算长长地舒了一口气，终于停下了奔忙的脚步，20 世纪 60 年代被改造成铁道部科技馆。后来，归属北京铁路局，改建成北京铁路职工俱乐部、北京铁路文化宫，候车室改造成剧场。20 世纪 70 年代，为了给修建地铁让路，以钟楼为中心做了"镜面对称平移"。钟楼的位置原本是在车站的南侧，改建时，钟楼北侧的部分建筑被拆除，并在钟楼南侧重建，只有钟楼以北西墙和北墙西边一段真正保留了原有的结构和砖墙，其余的墙体是改造后的钢筋混凝土结构。建筑外观仍保存了历史原貌。20 世纪 90 年代，改建成前门老火车站商城。

与正阳门东站遥遥相对的，乃正阳门西车站。这在当年，亦被称为"北京西站"。此乃一座中式二层砖石结构的建筑，悬山屋顶，底层有围栏，整个建筑显得简单质朴。在候车大厅的入口拱门之上，书写着"京汉铁路车站"的字样。

　　京汉铁路是光绪二十一年（1895）甲午战争后，清廷推行"新政"的产物。清廷向"于中国无大志"的比利时公司借款450万英镑，并于光绪二十三年（1897）开工建设，至光绪三十二年（1906）全线通车。这条铁路最初的北起点，是在而今丰台区的卢沟桥南，所以被称为"芦汉铁路"。光绪二十六年（1900）延至西便门，改称"京汉铁路"。此后未久，始发站移至正阳门箭楼的西南侧。

京汉铁路正阳门西车站

正阳门西车站自光绪二十八年（1902）建成，一直被使用至民国二十六年（1937）。北平沦陷之后，日本人将其改造成为专门的货站，停止了其客运业务。[京汉铁路的大部分路段，亦由于日本入侵的原因，而被迫中断。待民国二十七年（1938）武汉会战之后，全部沦入日本人之手的京汉铁路，才勉勉强强通车。]其客运业务，改在西便门一带进行，且最终被并入广安门车站。

正阳门城楼与正阳桥五牌楼

"里九外七"第一城楼与中轴线上唯一牌楼

正阳门城楼

自周代以来，中国社会便流传着"天子九门"的礼制。中轴线上的"九门"，至少应该有两种说法（清代）：其一，正阳门、大清门、天安门、端门、午门、太和门、中左门、后左门和乾清门（到达皇帝的寓所前）；其二，正阳门、大清门、天安门、端门、午门、太和门、乾清门、神武门、地安门。此两种说法中，不同者在于太和门之北的那几座门，从正阳门至太和门间似无异议。中轴线上的"九门"之首，应该是正阳门。

正阳门拥有北京内外城中最雄伟的城楼、箭楼，亦拥有最恢宏的瓮城。正阳门城楼坐落在砖砌城台上，城台上窄下宽，有明显的收分，宽95米、厚31.45米、高14.7米，城台南北上沿各有1.2米高的宇墙，占地3047平方米。城台上以城砖海墁。城楼为灰筒瓦绿琉璃剪边重檐歇山三滴水楼阁式建筑，楼脊饰龙头兽吻，每面有檐柱、老檐柱和金柱三层柱子，朱红梁柱，金花彩绘，楼上、楼下四面均设门，面阔七间，进深三间，上下设回廊，上层前后装菱花格隔扇门窗，下层为朱红砖墙，明间及两侧正面各有实榻大门一座。城楼两端沿城墙内侧设斜坡马道以通上下。通面宽 41 米，通进深 21 米，楼身宽 36.7 米，深 16.5 米，高 27.3 米，整个城楼通高 43.65 米，为老北京所有城门楼中最高者。城楼外侧重檐以上悬挂木质大门匾。城门洞为拱券式，开在城台正中，五伏五券，内券高 9.49 米、宽 7.08 米，外券高 6.29 米、宽 6 米。

当永乐帝准备迁都北京之时，京师内城南垣的改造工程正在进行。此次改造的结果，是将元大都南城垣（如今长安街偏南）移至前三门大街一线。移动的理由，或许是新建的明皇城南垣与元大都昔日的南城垣挨得太近。此番改动，等于将辽南京、金中都西北部的一长条区域也并入内城。在这些区域内，包括早已颓败的金中都光泰门，几乎沦为废墟的辽南京拱辰门，以及依旧残存的圆洪寺。永乐年间的这次南移，是永乐十七年至十九年（1419—1421）间进行的。永乐十九年的"筑城"行将完工之际，紫禁城外朝三大殿奉天殿、华盖殿与谨身殿却被一场大火吞没。当信奉"天人感应"观念的满朝文武大臣对君王"好大喜功"追责时，修筑内城南垣的工程戛然而止。如此仓促建造的内城，虽然被时人称颂为"益加宏壮"，然不可近观。也就在这次内城的修筑过程中，北京内城四垣九门的基本框架得以奠定。南垣三座城门，依然在沿用着元大都时期南垣的名称——文明门、丽正门、顺承门。其中，丽正门的名称，还将维持 20 年时间（1419—1439）。

与丽正旧名相伴随的，是较为低矮的城楼、用元式小砖砌成的外墙墙体，以及继续保持夯土风貌的内墙。由此看来，永乐朝的丽正门，从整体而言还是较为"粗枝大叶"的。

北京风貌得以改变，还要归功于明正统帝。别看这位皇帝重用过宦官王振，也曾遭遇过颇为耻辱的"土木堡之变"，但他营造一座宏阔京城的意愿，却直追其先祖永乐帝。而且，在建造内城城垣的过程中，正统帝也向世人表达了不再迁都的决心。由此看来，他在建都方面的决策，确实对明中期之后的华夏历史产生了极其深远的影响。关于这件事，在《明英宗实录》中曾有过一些交代，比如，建成正阳门正楼（此前还叫作丽正门）一座、月城中的左右楼各一座；挖深护城河，并以砖石铺就堤岸；正阳门外原来的木桥（可被称为丽正桥），而今拆改为石质的正阳桥；两座石桥之间设有水闸，濠水自西而东地流出大通桥。这些工程起步于明正统二年（1437），完成于正统四年（1439）。此乃永乐帝迁都后最大规模的京师内城建设，也是"永乐营城"的必然延续。当然，此番修筑工程仍有遗憾留了下来，那便是包括正阳门城楼等在内的城墙内壁，依然是夯土筑墙。有些追求完美的正统帝，还需耐心地等上几年，才能补救这一缺憾。

终于，机会来了。正统十年（1445），也就是丽正门更名为正阳门的第七年，京师大雨导致城垣内壁多有损毁，这让正统帝有了再度修城的理由。于是，以砖石铺就内壁、辅之以厚重大城砖砌入外壁的城垣"整容加固"工程由此展开。此次修缮工程结束时，大明帝国的首要城池，才可算是"固若金汤"了。

正统帝的贡献，不仅在于下旨加固正阳门城楼。对于正阳门箭楼与瓮城的筑造，正统帝也功不可没。正阳门箭楼与瓮城建造于正统元年（1436）。箭楼占地3047平方米，建筑形式为砖砌堡垒式。城台高12米，门洞为五伏五券拱券式，开在城台正中，是内城九门中唯一箭楼开门洞的城门，专走龙车凤辇。箭楼为重檐歇山顶、灰筒瓦绿琉璃剪边，上下共4层，东、南、西三面开箭窗94个，供对外射箭用。箭楼四阔七间，宽62米，北出抱厦五间，宽42米，楼高24米，门两重，前为吊落式闸门（即千斤闸），后为对开铁叶大门。

正阳门的瓮城，平面为长方形，南北长108米，东西宽88.65米，北端二角直接南城垣，南端二角抹圆，瓮城的墙体、形制等皆与内城城垣一致。

明代所修筑的北京城墙，以及守卫京师、防御外敌的明代长城，所选用的砖石，大都出自河北、山东、江苏、安徽、江西、湖南等省份。当然，除了选用这些地方的砖石外，来自顺天府下辖的昌平州、通州、涿州、房山等地，亦有烧制砖石的窑厂。由于大范围内皆有城砖烧造，使得运输成为一个亟待解决的问题。据明代政府规定，凡属运粮船只，必须搭载30块城砖，否则不准放行、通关。而且，这些砖石也不能"弃大就小"，其规格、分量等都有着较为严格的标准。

步入正阳门瓮城之中，明、清时期民众的关注目光，更多会投向正阳门城楼底下的那座小关帝庙。明、清时期的京城"里九门"之下，曾各有一座小庙。这九座小庙为七座关帝庙、两座真武庙。真武庙所在地点，是京城的两座北门——安定门与德胜门城楼下，此乃真武大帝所在方位。对于七座关帝庙而言，最受京城民众追捧者，便是这座正阳门关帝庙了。别看它只有一间"陋室"，然此庙却是明、清

晚清的正阳门瓮城

时期君臣经常光顾之地。在关帝庙中，立有明代学者焦竑著文、书画家董其昌题写的石碑。每年正月初一，正阳门关帝庙内的香火，要远胜过京城众多的关帝庙。每年五月二十三日，也就是关圣帝君的寿诞之时，来此地烧香、做戏之人，同样络绎不绝。

在关帝庙门前，京城民众还曾见到矗立在此的一匹白石马。由于日久年深，长期受到风沙侵蚀，白石马的下半截已被沙土掩埋。在"庚子国变"之前，途经此地的人们，只要是以驴、骡、马等牲畜作为运载工具的，都会来这里祭拜。这些人所要见的，是关帝庙中的"关圣帝君"。至于白石马，则被当作上、下马石之用。"庚子国变"之后，白石马干脆不见了踪影。

崇祯末年，在正阳门城楼下，与关帝庙遥遥相对的另一侧，居然又兴建起一座小庙。从此，民谚中"九门九庙"之说，便被改成了"九门十庙"。这多出来的一座庙，既非关帝庙，又非真武庙。它的身份，乃是一座带有尴尬色彩的观音大士庙。其实，观音菩萨本身并不会尴尬。应感到尴尬者，实乃崇祯帝是也。待崇祯朝处于内忧外患之时，受崇祯帝宠爱且一直在前线抵御后金政权入侵的洪承畴，突然消失于战场之上。崇祯帝得到的消息是洪承畴战死疆场、为国捐躯。于是，悲痛之中的崇祯帝决定，在正阳门下最热闹的关帝庙旁边，再建一座用来祭祀洪承畴"亡灵"的庙宇。而当庙宇建成，遵照皇帝旨意进行的一系列丧仪全部举行完了，崇祯帝却得到消息：洪承畴不仅未死，而且还投降了满洲人，做了个贰臣。甚为尴尬的崇祯帝，下旨拆除小庙不是，留着亦不是。最终，在大臣们的提议下，改祭祀庙为观音大士庙。1967年，关帝庙和观音大士庙终被拆除。正阳门城楼与箭楼，可谓是清代京师内城城门中经历磨难最多的。当然，两座城楼能被保存至今，也算是不幸中的万幸。乾隆四十五年（1780），正阳门箭楼被火焚毁。一年之后，此楼得以修复。就在修复的当年，箭楼券洞却因出现裂缝而返工再修。这件事，曾使得乾隆帝大为不悦，并对负责此项工程的监工大臣英廉、和珅给予罚俸之惩。所罚的数额，大约为工料费用的一半。在皇帝威势下修出的箭楼，工程质量自然要比以往高出许多。道光二十九年（1849），仅仅存在了一个甲子的正阳门箭楼，再次遭遇火患。而此次修复工程，从道光帝重病之时，一直持续到咸丰帝登基之后（咸丰元年，1851）。由于支撑箭楼内部骨架的大木柁梁稀缺，迫使清廷以拆除畅春园"九经三事"殿主梁予以应付。由此亦可知，畅春园于英法联军焚毁三山五园前的10年，就已经显出破败之象了。

然而，这座崭新的箭楼，其使用寿命也没能超过"前任"。在

"庚子国变"之年（光绪二十六年，1900），由于义和团焚烧正阳门外大街的德国药房，进而引发一场大火，将箭楼城台上的木构部分悉数烧毁。时隔未久，驻守在正阳门城楼上的印度裔英军，居然在燃火取暖时"不慎"点燃了楼内的梁柱，将正阳门城楼木构建筑烧毁。光绪二十八年（1902）慈禧太后与光绪帝回銮时，所能见到的只是搭建纸糊牌坊以装点门面的城楼与箭楼了。光绪二十九年（1903），城楼与箭楼在直隶总督袁世凯的主持之下得以复建。所用木料来自山东，耗费大约为 43.3 万两白银。

由于清工部所收藏的各城门工程档案皆毁于"庚子国变"中，重修的正阳门城楼，就只能仿照尚未被毁的崇文门城楼来建造（在崇文门城楼原有规制基础上放大）；而正阳门箭楼的重修，则仿效留存于世的宣武门箭楼来兴建（也是放大了规制）。

"庚子国变"后，美国驻军强占了正阳门城楼与东侧城垣，且一占就是 18 年。慈禧太后带着光绪帝返回紫禁城，清王朝终结，袁世凯称帝，张勋进行复辟活动，这些都在美国大兵眼皮底下发生。据说，只有每年"国庆日"当天，北洋政府才可派军队于正阳门城楼上站岗。直到民国八年（1919）爆发五四运动，为缓和中国人民的愤怒情绪，美国大兵才不得不交出了正阳门的管理权。

由北洋政府内务总长、京都市政督办朱启钤主持，由德国建筑师设计的正阳门城楼与箭楼改造工程，始于民国四年（1915）。当时的设计方案是拆除瓮城与闸楼，增建起箭楼北侧的平台与楼梯，加设平座栏杆、箭窗楣饰，以及城台的侧面装饰。在被先行拆除的瓮城东西月墙与内城城墙的连接点上，各自开辟出两个城门。左边两个用于出

正阳门箭楼

城，右边两个用于入城，使得出入正阳门大为便利。

改造之后，"前门楼子"便成为京内外民众眼里的北京城新地标。民国时代有一款名为"大前门"的上海香烟，商标图案即为"前门楼子"。在晚清、民国时期的北京民众当中，曾经流传过一句"你有钱，买前门楼子去"的民谚，意为买下了前门楼子，就等于买下了整个北京城。

与正阳门改造工程相配套的，是兴修暗沟。由于前门外一带的地势相对较低，每逢雨季，当地的积水便会十分严重。在马路下面铺设了两条暗沟，用于排雨水、污水。改造以后的正阳门城楼与箭楼的外侧，另行加筑了水泥栏杆，并进行了必要的绿化。

1965—1966 年，由于修筑地铁的缘故，正阳门城楼东西两侧城墙被全部拆除。此后，正阳门瓮城的所在地原址变为前门东大街与西大街的交会点。

1976 年唐山大地震后，受损严重的正阳门城楼与箭楼得到重修。在建设毛主席纪念堂的时候，将中华门前的一对明代石狮子移到正阳门城楼南侧；正阳门关帝庙门前的另一对明代石狮子，则被移到了正阳门箭楼南侧。正阳门城楼于 1991 年得到重修，1993 年对外开放。正阳门箭楼在 1989 年得到重修，于 1990 年对外开放。1988 年，正阳门城楼与箭楼一道，被列入第三批全国重点文物保护单位名录。

正阳桥五牌楼

在正阳门箭楼南侧、前门外大街北端，矗立着一座五牌楼。此牌

正阳桥五牌楼，远处能看到正阳门箭楼

楼虽然时常被民众视作前门外商业街的标志，但其本意却体现了正阳门的"国门"作用。五牌楼实乃正阳桥的牌楼，所以被称作"正阳桥牌坊"更为适宜。

五牌楼始建于明正统四年（1439），是正统帝重修内城九门之后的又一项工程——于城门外设置九门牌楼。在这9座牌楼之中，有8座属于三开间牌楼，唯有一座正阳桥牌楼是五开间。民国时期以前，五牌楼一直是木质牌楼，六柱并排，从而形成五开间的式样。其立柱为街道上常用的"冲天柱"形式，柱下有汉白玉石基座，雕刻石狮子。每根立柱各有一对戗柱，每间上有两道额枋，枋间有镂空花板，枋上各以斗拱承楼顶，五楼均为四坡顶，正间额枋间镶"正阳桥"匾额，夹杆石上有石雕小兽。

由于五牌楼是木质结构，因此在明万历年间，清乾隆、道光、同治朝先后遭遇火灾。最惨重的一次，是光绪二十六年（1900）的"庚子国变"中，由于义和团火烧专卖洋药的"老德记"而导致的。此后，几经翻修的五牌楼，于民国二十四年（1935）袁良担任市长时，由木质结构改建为钢筋混凝土结构。只因为混凝土加大了承载负荷而取消了戗柱，满汉合璧的正阳桥匾额也被去掉了满文。

1955年，五牌楼因妨碍交通被拆除。从此之后，所谓的"四门三桥五牌楼"（"四门"指的是正阳门的4个山洞，"三桥"指的是正阳桥的3条道）便只剩下城门与箭楼"两门"了。2001年，市政部门在参考五牌楼的老照片与资料之后，于正阳门箭楼以南第一次复建了五牌楼。该牌楼仍为钢筋水泥结构。在考虑到其对交通所产生的影响后，牌楼6根立柱中的4根采取悬空设计，距地面为6.5米，因此曾有人戏称其为"假五牌楼"。这座复建的五牌楼在建后不久被拆除。2008 年 5 月，前门大街改造工程全面启动，对五牌楼再次进行复建。此次复建严格按照历史照片与文字资料进行，照原样、原工艺在原地重新复建。经过 6 个多月的紧张施工，五牌楼复建完成。"五间、六柱、五楼"出头柱式木牌楼与正阳门箭楼遥相呼应，让人们重新找回了久已逝去的景观。不久，书写着"正阳桥"3 个大字的牌匾被悬挂在五牌楼正中的位置上。

东交民巷使馆区旧址建筑群
中轴线附近规模最大的一组西洋风格建筑群

东交民巷的历史变迁

在东交民巷内（昔日名称为东江米巷）出现外国公使馆，是咸丰十年（1860）第二次鸦片战争中英法联军进入北京的结果。咸丰十一年（1861），英国人入驻梁公府，法国人则入驻纯公府，且在两府设置了公使馆。自此以后，俄国、美国、荷兰、比利时、西班牙、意大利、日本、奥地利、德国等国家陆续在东江米巷内建造公使馆。这些使馆大多是对原有的王府、民宅略加改造，使馆建筑总体呈现中式格局。这种建筑风貌一直保持到光绪二十六年（1900）的"庚子国变"。

在东江米巷内，于"庚子国变"以前，至少还分布着为数众多的清政府中央机构，如翰林院、銮驾库、兵部衙署、工部衙署、太医院、钦天监、鸿胪寺、骚达子馆等，不一而足。此外，还有肃亲王府等权贵官宦的住宅。第二次鸦片战争之后的清政府，其实并不希望在京城中出现"洋租界"。将中外人士共处一地，以便监视洋人之行径，也许这才是清政府实行"华洋杂处"的初衷。

众所周知，东交民巷使馆区的最终形成，源自光绪二十七年（1901）签订的《辛丑条约》。根据条约的规定，作为使馆界的东交民巷，其四至为东起崇文门内大街，西至兵部街与棋盘街（而今的天安门广场东侧，国家博物馆所在地至毛主席纪念堂东侧），南达崇文门至正阳门城楼所在的内城城墙（即前三门大街、崇文门西大街至前门东大街一段），北抵东长安街，其面积为 75 万平方米。在这片区域内，中国官民可以出入，但需随时接受外国军警的盘查。此外，一切中国官民一律迁出东交民巷，且不许中国人在此过夜。此后，于东交民巷使馆区内，由各国公使馆自行建造西洋风格建筑，至民国元年

晚清时期从御河水关望东交民巷使馆区

（1912）最终形成了欧洲风格街区。

　　若按照位置来划分，以东交民巷作为主干道，东交民巷北侧自西向东分布着英国公使馆（位于御河西岸）、意大利公使馆（位于台基厂东口路北）、法国公使馆、正金银行、俄国公使馆（目前已然大部分被拆）、奥地利公使馆（位于台基厂北口路东）、西班牙公使馆（目前已被拆）、日本公使馆和国际俱乐部。东交民巷南侧自西向东分布着美国公使馆、荷兰公使馆、华俄银行、高丽国府、祁罗弗洋行、汇丰银行、德国公使馆（已拆）、比利时公使馆等。

　　列强占据着东交民巷，然心里却并不踏实。于是，崇文门内大街西侧至东交民巷东墙一线的大批房屋被拆除。留出来的空地，成为列强驻兵的操场与跑马场。这些外国士兵利用此地瞭望、监视周边的中国人。根据史料记载，使馆界的北墙修到了东长安街路北 80 米的地方。妨碍此墙修筑的东单头条胡同南侧房舍被一律拆除。此后，东单再无头条。

　　由于在京的外国人数量增多，导致临近东交民巷的西交民巷形成了近代金融银行区，崇文门内大街也出现了连片的欧式风格店铺。与此同时，东交民巷及周边地区的街道名称皆被改为"洋名"，如东交民巷改成"使馆大街"，兵部街改成"李尼微支路"，台基厂头条改成"赫德路"，台基厂二条改成"俱乐部路"，台基厂三条改成"拉布司路"，东河沿改成"明治路"，台基厂改成"马可·波罗路"，洪昌胡同改成"南怀仁路"，崇文门内大街北口改成"克林德路"，东长安街改成"意大利路"，等等。

　　东交民巷使馆区的这些外国驻华机构，无一例外的都是公使级

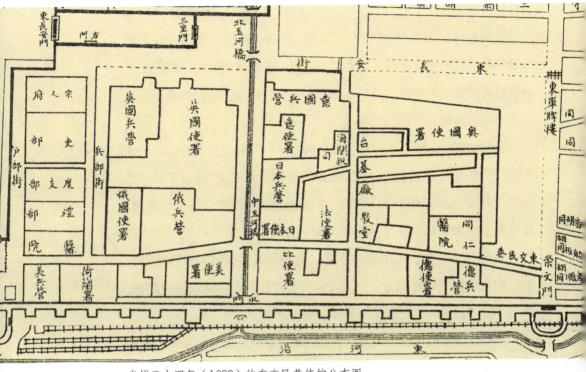

光绪三十四年（1908）的东交民巷使馆分布图

别。而今日的外国驻华使节，则一律为大使级别。此两者之间的不同，或许会被阅读历史的人忽略。公使与大使之间的区别，显示了处于外交劣势的近代中国融入国际社会历程的艰难。回眸 20 世纪初的大国外交，绝对是靠硬实力来说话的。中国属于国际舞台上二、三流的弱国，这在当时是不容置疑的。彼时的西方外交，只有大国之间才会互派大使级代表。西方各国与罗马教廷之间，也是互派大使级代表。对于像中国这样的半殖民地国家，即便委派外交人员，也顶多属于公使级别。

直到民国二十二年（1933），苏联、英国、法国、美国、日本才将驻华使节升至大使等级。只不过，那时的各国驻华使馆，都已迁至国民政府所在地的南京。至于东交民巷内的公使馆，则已然成了各国驻北平的领事馆。

抗战结束后，国民政府外交部会同北平市政府接收了使馆界。这也是反帝任务部分完成的一大标志。民国三十五年（1946）7月，北平市政府成立清理委员会，开始对东交民巷的房屋地产等进行清理。这项任务结束于民国三十六年（1947）12月，使馆界内的官有资产与官有债务等一律由中国政府接管。倘若外国领事馆需继续使用土地，则在中国政府收回之后，需再另行签订租约。原使馆界内敌视、侮辱中国人的所有"纪念物"和标志被一律清除。

然而，由于国民政府的低效低能，其接收与管理力度欠缺，致使外国人在东交民巷的各项腾退工作极为缓慢。出于战略目的存在的美国驻北平兵营，更是驻兵至民国三十八年（1949）。北平和平解放后，各国驻兵虽已撤离，但兵营地产问题仍未彻底解决。

中华人民共和国成立后，东交民巷使馆区的外国人已不再具有外交官的身份。自中国政府采取"另起炉灶""打扫干净屋子再请客"的外交方针以来，各列强国家驻华代表皆不再被新生政权所承认。1949年10月2日，苏联第一个与中华人民共和国建交，其新任驻华大使随之入驻东交民巷。这是中华人民共和国历史上第一个外交使节团队，也是东交民巷所迎来的第一个大使级别的使团。

1950年1月6日，北京市军管会发出布告，宣布收回外国兵营的

东交民巷旧照（后来上色）

地产，并征用一切地面建筑物。当日下午，位于东交民巷 22 号的美国兵营旧址、台基厂三条 1 号的法国兵营旧址、东交民巷 42 号的荷兰兵营旧址门前，分别被贴上了军管会的布告。当然，已经没有了外交豁免权的美、法、荷三国外交人员仍例行公事般地抗议了一番。由于这三国与中华人民共和国政府并无外交关系，所以抗议信函被原件退回。从 1 月 14 日至 16 日，三处兵营旧址全部被北京市军管会收回。4 月11 日，主动与中华人民共和国表示友好的英国，十分配合地交出了英国兵营旧址。而与中华人民共和国建交未久的苏联，亦于 7 月 21 日宣布放弃俄国兵营。至此，东交民巷的所有外国兵营旧址已全部收回。

1953 年，在东交民巷东段路南，建造起一座"山"字形的新侨饭店，进而成为海外归国华侨的重要接待场所。1954 年，北京同仁医院的病房楼落成。同年，六国饭店被改造成外交部招待所，其南侧还另行建造起一座 6 层高的楼房。1988 年 8 月 5 日，由于装修不慎引发了一场严重火灾，使得六国饭店原有建筑被基本烧毁。火灾过后，已无法重建的六国饭店建筑被彻底拆除。随后，在其原址上，一座被命名为华风宾馆的建筑物拔地而起。

1955 年，占地 4.5 万平方米的东单公园建成。此前，这里曾做过列强驻兵的操场与跑马场。再早些年，此地则为一座名曰"成化寺"的庙宇。国民政府收回该地以后，这里还被用作傅作义军队的临时飞机场。1957 年，位于台基厂大街路西的北京市委办公楼建成。1958 年，在东单路口西南角的位置，一座占地 2.8 万平方米的东单体育场建成。1959 年，随着苏联驻华大使馆迁往东直门的北馆，东交民巷终于结束了作为外国使馆区的历史。1975 年，曾经的法国公使馆被拆除，其原址得到重建，成为柬埔寨国家元首西哈努克在京宅邸、外交部有关机构。

2001 年，东交民巷尚存的各国使馆旧址与银行、邮政局旧址等，被列入第五批全国重点文物保护单位名单。

英国公使馆旧址

清咸丰十一年（1861），英国人打算将朝阳门内大街路北的怡亲王府邸作为公使馆，并以每年 1500 两银子租用，但被恭亲王拒绝。后几经商议，双方议定以每年 1000 两银子作价，将位于东江米巷御河西岸、翰林院南侧的淳亲王府（因府主一度为镇国公奕梁，故而称之为梁公府）作为英国公使馆驻地。

光绪二十六年（1900），"庚子国变"后，英国公使馆成为各国公使、外交人员，以及各国教民的避难场所。由于英国公使馆北邻翰林院，且处于各国公使馆的中间地带，其在战乱中损失很小。同时，它也是东交民巷诸公使馆防御义和团进攻的最后"堡垒"。

光绪二十七年（1901），《辛丑条约》签订后，整个东交民巷地区成为独立的使馆区域，英国公使馆趁机将北侧的清翰林院、西北侧的清外銮驾库与原使馆西面的兵部衙署、工部衙署（含工部存料场）、原蒙古内馆、清鸿胪寺的部分廨舍及地皮，强行划入英国公使馆及兵营的范围。至此，英国公使馆在原址基础上扩大了两倍多。

民国三十三年（1944），同属反法西斯阵营的英、美等国将其公

英国公使馆正门

使馆旧址移交给国民政府。1950 年 4 月，英国兵营由中央人民政府接管，并交由公安部使用。1958 年，北京市政府另辟使馆区后，英国驻华临时代办处迁至建国门外日坛使馆区。

英国公使馆内建筑群落，大体包括公使馆厅、公使正房、第一秘书房、第二秘书房、护卫室、中国秘书房、医疗室、小教堂、剧场、食堂、钟亭、井亭、左右配亭、墓园及公使馆账房、马棚等建筑。相当部分是由清淳亲王府与翰林院中式建筑构成，此乃东交民巷使馆区中的特例。

现存的英国公使馆旧址主楼为长方形，其长约 41.5 米、宽约 20 米，地上三层，地下一层，砖石结构。主楼的东北与西北端各有一配房凸出。原建筑首层门厅南端东西两侧为外廊，各向北环绕与东西两侧配房相连。

英国公使馆有大门一座，二层凯旋门形式，灰砖砌筑，墙面有水平凹线装饰划分，中部设水平腰线装饰。大门上部为半圆拱形龛，中央有"徽形"浮雕装饰，拱形龛两侧为方券窗，下部为拱券窗。在大门顶部出檐，中央另设凸起的女儿墙装饰。

英国公使馆保留了淳亲王府（梁公府）原中路主要建筑，由南至北依次为府门、银安殿、东西翼楼、寝门、后寝殿和配殿等。中路主要建筑保存完好，均覆绿琉璃瓦顶。府门面阔五间，中启三门，银安殿五间，四周环以围廊。殿内悬吊井口天花，中绘团龙图案，非常精致。东西翼楼各五间，前出廊，装修多已改造，英国公使馆曾改造东翼楼作为教堂使用。在东顺山房之东，另建二层砖木结构楼房一栋，为英国公使馆所建官邸，采用中国传统式样歇山屋顶，檐下施重昂五

英国公使馆大院，右边有方形钟亭

踩斗拱，砖砌墙身局部装饰精美雕刻纹样。而今还保留原王府内方形钟亭一座，造型独特。

美国公使馆旧址

同治元年（1862），美国正式设立驻华公使馆，蒲安臣被林肯政府任命为美国第一任驻华公使。美国公使馆设置于东江米巷路南，邻近路北的俄国公使馆。"庚子国变"前的美国驻华公使馆占地面积超过一亩，建筑风格中西混杂。

　　光绪二十六年（1900），在义和团围攻东江米巷使馆区的战斗中，美国公使馆处于各国公使馆的西南防守区域。据文献记载，美使馆遭受了来自南面城墙上清军炮火的袭击，损失很严重。光绪二十七年（1901），《辛丑条约》签订后，美国公使馆暂时占用东江米巷三官庙（位于东江米巷御河段南端和东交民巷交会处西侧）作为临时办公之所。

　　光绪二十九年（1903），美国公使馆迁至荷兰公使馆以西，并趁机占据东交民巷西段路南的会同四译馆、教习庶常馆、巾帽胡同和貂皮巷等，以建立美国公使馆新区。同时扩建美国公使馆附属军营，并建立美国军队操场。

　　美国公使馆的界限，西至前门棋盘街东侧，东与荷兰公使馆一墙之隔，南至北京内城墙根（美国使馆在城墙内掘砖室三间，作为美军粮库），北达东交民巷西段路南。界内美国公使馆在东，美国兵营在

1900 年的美国公使馆建筑

西，最西部靠近正阳门的位置是美国军营操场。美国公使馆与兵营所在地交还中国政府的时间，大抵与英国交还公使馆、兵营的时间一致。

美国公使馆旧址内现存有公使馆主楼和 4 座公使馆官邸。美国公使馆主楼建于光绪二十九年（1903）。该建筑东西长约 34 米，南北宽约 17 米，地上 2 层，地下 1 层。底层室内净高约 5 米，2 层室内净高为 3.5 米，建筑总高约 14 米。外墙为灰色清水砖，墙角以花岗石做隅，门窗以石材做门窗套，窗下墙亦用石饰。楼前砌有五踏步高的平台，将建筑略为抬起。立面较朴实，中央三开间略向前凸，强调中央部分。正中入口大门做重点处理，采用无凹槽的爱奥尼亚柱式，上冠以三角形山花的西方古典形式。主楼的东侧门处做出三开间的廊子，上为二层的阳台，面向东侧的小花园。西门则做成西洋古典式门套。大门内设有西洋古典式的木门斗，大厅中两根立于基座上的爱奥尼亚柱子支撑楼板大梁，厅北侧的双分式木楼梯带有木栏杆。

日本公使馆旧址

光绪十一年（1885）开工、光绪十二年（1886）竣工的日本公使馆旧馆，是东交民巷使馆区现存的最早西洋风格建筑，也是当地唯一保留下来的 19 世纪欧式建筑。其设计者片山东熊是日本最早接受近代建筑学高等教育的 4 位建筑师之一。公使馆临街大门目前仅存西侧门房，东侧紧邻原法国邮局西墙的门房，已被拆除。大门西侧有一幢二层带局部地下室的西式小楼，是曾经的外交官住宅，每层两户。原外墙为红砖砌筑，带有荷兰风格，现在被刷成灰色。

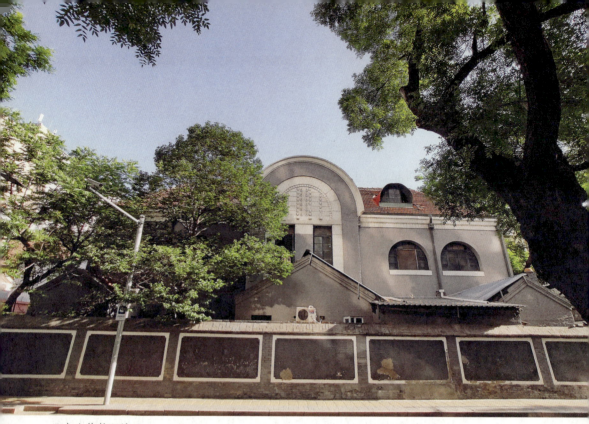

日本公使馆旧址

　　旧公使馆由南、北、西三栋房子围成"U"字形，东侧由木构走廊相连。其南房为片山东熊设计的新建部分，北房和西房是原有民宅改建而成的。南房的南侧为外廊，面阔约30米，进深一间（约2.5米），是当时流行于东南亚的"殖民地式"风格。

　　公使馆正立面为七开间，以南面入口为中心，左右对称，两侧各为三间连续拱券。当初均是柱间设栏杆的外廊。正中入口为略向前凸的角柱，上立半圆拱，上部三角形山花有砖雕装饰着叶状图案，两侧角柱上有砖雕菊花图案。正立面角柱上的砖雕是鹿与牡丹等图案，出自中国工匠之手。

　　公使馆的北房南立面为中国传统民宅样式。公使馆后面的宿舍为一排平房，隔成三个单间房和四个套间房，南向开门，北向开窗，上

日本兵营正门

部均为拱券过梁。建筑所用青砖为京西通合砖窑生产，中庭走道铺设的砖上刻有"西通合"字样。墙体用石灰、黄土混合灰浆砌筑。

公使馆营房共有五幢二层楼房（位于今东交民巷23号的位置），建于日本侵略军占领北平时期，都是合居式住宅，应为下级军官的住所。其中，南北沿街的一幢面积较大，曾经为日本宪兵总队细菌研究所使用。全部建筑均为砖木结构，红砖墙欧式风格。

光绪二十六年（1900），位于东江米巷路北的日本旧公使馆，在义和团围攻使馆区时虽未遭到破坏，但在《辛丑条约》后，却借口原址狭小，不敷使用，趁机迫使清政府将西北面的詹事府、肃王府、柴火栏胡同及部分民宅等划为新公使馆用地。用地北部建公使馆，南部成为日本兵营。日本公使馆新址东部与法国公使馆相邻，北部与意大利兵营、公使馆相接，南部与西班牙公使馆和横滨正金银行相邻，正门开在御河路（现正义路），与英国公使馆隔河相对。日本公使馆一直使用至民国十七年（1928）国民政府迁宁。此后，日本将这里当作领事馆等使用到投降为止。

日本公使馆主楼为二层砖木结构，东北部有局部地下室。该楼平面为不规则矩形，南立面长约 46 米，南北进深约 34 米，四面都有出入口，但主要入口在南面。

由此看来，日本公使馆的大门及主楼造型，实乃西方古典主义与巴洛克和中世纪多种要素的混合体。其特点是不讲究古典比例，而追求多种要素的结合，是近代日本模仿欧式风格的典型。此院内还有近代风格的一幢二层楼与一组平房建筑。

意大利公使馆旧址

同治八年（1869），在东江米巷与台基厂交叉口东北角的民宅内设立意大利公使馆（而今圣弥厄尔教堂东侧附近）。与其隔街相望的东江米巷胡同路南，正是清大学士徐桐的住宅，徐桐曾为同治帝的师傅。八国联军攻入北京后，徐桐在家自杀身亡。或许，徐桐的那句名言"望洋兴叹，以鬼为邻"，说的就是意大利公使馆。

光绪二十六年（1900），"庚子国变"之时，由于意大利公使馆处于东江米巷地区各公使馆"东部防线"之外，因此被战火损毁严重。光绪二十七年（1901），《辛丑条约》签订后，意大利趁机扩大用地以另建新馆，其占据东起台基厂北口西侧、西抵御河东岸、南至海关税务总司衙门、北临东长安街的大片区域，即满洲堂子全部，总税务司以北、肃王府的部分用地，以及一些民宅。意大利新公使馆建在占领地域东部，西部则为兵营。

意大利公使馆旧址大门位于台基厂大街接近北口的西侧，南、北两座门房相距 13 米。红砖墙，四坡锥形屋顶挑出深远，此门为典型的欧洲"新艺术运动"风格。20 世纪 70 年代初期被拆除，改建为现在的两个门柱及铁栅墙。

公使馆主楼为地上 2 层，地下 1 层，坐南朝北，东西长 37 米，南北宽 27 米。由于进深较大，在中央纵向承重墙处以南的体量比北部体量略向内缩进。东西侧面被划分为各三开间的两部分。东、西面及北面有门通往室外。外墙红砖砌筑，水平腰线，窗套墙转角檐部及基座处皆为石质。地下室在基座处有弧形窗，并饰以精美的铁花。

意大利公使馆正门

荷兰公使馆旧址

同治十二年（1873），荷兰公使馆在东江米巷设立。公使馆最初位于东江米巷西段路南的巾帽胡同，占据原怡贤亲王祠，西界在兵部街之南的东侧，东界与华俄道胜银行相邻，北侧隔东交民巷与兵部街东侧的钦天监相对。

光绪二十七年（1901），《辛丑条约》签订后，荷兰公使馆用地自原址东移，占得昔日东江米巷内的民房、石厂澡堂等用地。新建的荷兰公使馆西侧与美国公使馆新址为邻，南界为正阳门东城墙的顺城路，东界为华俄道胜银行，北侧大门与俄国公使馆大门、兵营等隔东

荷兰公使馆大门

交民巷相望。

荷兰公使馆大门主体比两侧围墙稍向前凸，门洞以上是三角山墙，顶端处为圆弧形，与公使馆内官邸入口上部造型相呼应。大门洞上覆扁平弧形砖拱，拱中央是白色龙门石，其上为石雕装饰。拱脚处两侧立石倚柱，为塔司干柱式，整个大门由红色清水砖砌筑，门洞内侧装有金属花饰大门（现门洞北外侧被封砌，山墙面的装饰物被剔除，但其轮廓痕迹仍可见）。

荷兰公使馆昔日大门位于东交民巷路南40号，现大门改在前门东大街路北，位于前门东大街11号，为20世纪70年代城墙拆除后，扩建前门大街时新修建的。

公使馆旧址院内现存两栋原楼房，均是宣统元年（1909）建造。原大门西南部的西楼为公使馆办公楼。地上2层，地下1层，砖石结构，坐落在高0.85米的平台上。建筑平面近于方形，东、西、南三面皆有出入口，以东面为主。公使馆外貌为16世纪尼德兰地区荷兰风格，即用红砖砌墙，以白石做墙角隅石和门窗套及水平线脚。东、西、南三面中央入口都做成凹入的券廊，上、下两层均采用古希腊多立克柱式，但柱身亦为红砖，柱础与柱头为石质，平缓的弧形券也用砖石相间。

2001年，此建筑全部被拆除，在原址依原状重建，将砖石结构改为砖混结构，内部做了调整，作为办公使用。荷兰公使馆建筑总体造型简洁，通过相近的处理手法或采用相似的构件形式，使整个公使馆建筑风格取得协调一致。此外，院内仿照原有建筑风格，新建了两幢建筑。

俄国公使馆旧址

　　咸丰十一年（1861），俄国比照英、法两国的建筑，将康熙年间所立的"俄罗斯馆"予以改建，在东江米巷内正式设立俄国公使馆。光绪二十七年（1901），《辛丑条约》签订后，整个东交民巷地区成为独立使馆区，俄国公使馆借机扩张并兼并了周边的太医院、钦天监，以及兵部和工部署衙的一部分，公使馆面积扩大到约 100 亩。整个区域东部为公使馆用地，西部则为俄国兵营。

　　俄国十月革命后，原公使馆仍保留。民国九年（1920），因北洋政府拒绝承认苏俄政权，从而导致使馆关闭。民国十三年（1924），北洋政府和苏联建立外交关系，原俄国公使馆及财产移交苏联驻华使

俄国公使馆大门

馆。1949 年，苏联与中华人民共和国正式建交，苏联使馆自广州（此前为南京）迁回北京。1950 年 7 月 21 日，苏联主动宣布交回前俄国兵营，并将兵营内地面建筑无偿交还中国。1959 年，苏联使馆迁往新址，而位于东交民巷的旧使馆则交还中国政府。苏联使馆（俄国公使馆）旧址成为最高人民检察院、最高人民法院办公用地。20 世纪 80 年代中期，为建造最高人民检察院与最高人民法院的办公楼，并拓宽道路，将原使馆内的大部分建筑拆除。90 年代中期，原使馆内的奉献节教堂也被拆除。而今，原使馆内仅保留一栋住宅楼及重新修复的使馆大门。

俄国公使官邸为俄国公使馆旧址中仅存的建筑。此官邸坐北朝南，平面呈 "L" 形，地上二层，带地下室，砖木结构。室内大厅有精致的古典式装修。楼的北端一层和二层为敞开式木廊，设室内外楼梯。各屋相通，木地板，有壁炉。此宅建于 20 世纪初期，位于武官处建筑群以东，与使馆主院相邻，其格局、装饰优于一般独立式住宅。

国际俱乐部旧址

早在光绪二十六年（1900）前，东交民巷里已有各国俱乐部。彼时的国际俱乐部，大致在台基厂之南的洪昌（红厂）胡同南口路西、东交民巷以南，是专门为东交民巷使馆区的洋人们提供休息、娱乐、社交的场所。

同年，"庚子国变"之时，俱乐部原建筑皆被义和团焚毁，后虽有修复但功能不全。光绪二十七年（1901），《辛丑条约》签订后，国际俱乐部于东交民巷台基厂头条胡同与二条胡同之间西侧重建。

新的国际俱乐部大门就开在台基厂大街上，台基厂二条胡同因此被更名为俱乐部路。

建成于民国元年（1912）的国际俱乐部主体建筑坐东朝西，二层砖木结构，平面布局不很规则，主要入口在西面，南面有次要入口。入门后，经前厅和走道进入楼梯厅。楼梯为平行双分式，西北部还有一辅助楼梯。根据使用不同，设有大、中、小不同面积的活动室。

奥地利公使馆旧址

光绪二十三年（1897），奥匈帝国公使馆代办阿图尔·冯·纳色恩买下北邻长安街、西邻台基厂约12800平方米的地产，经两年多的施工建成了奥匈帝国公使馆。光绪二十六年（1900）"庚子国变"中，由于奥匈公使馆位于台基厂北段东侧，属于东江米巷使馆区域的"防守外围"，因而与彼此相邻的意大利公使馆一同毁于战火。

光绪二十七年（1901），《辛丑条约》签订后，奥匈帝国公使馆趁机扩展土地，北端邻东长安街，南端直至台基厂头条，西端邻台基厂北侧，东面则占据了历经"十代十主"的裕亲王府（为了腾出地方修建新使馆，当时的裕亲王府主人荣毓不得不搬迁至西城区宝禅寺）、经版库及昭忠祠等，面积扩大数倍。其西部为公使馆，东部则改为兵营。现公使馆建筑群建成于宣统二年（1910）。

民国六年（1917），中国宣布参加第一次世界大战的协约国阵营，从而驱逐了参加同盟国阵营的奥匈帝国驻华大使。民国七年（1918）

印有奥地利公使馆主楼的明信片

奥匈帝国分裂后，原公使馆被划归奥地利。

现存奥地利公使馆旧址的主楼与大门保存较完好。主楼上、下二层都带有外廊。东西长约52米，南北宽约23米。整体造型较简洁，为法国古典主义风格。南立面分为5部分，中央与两侧翼顶部均饰以三角形山花，并略向前凸。中央入口部分为三开间，两侧翼为两开间。柱廊底层为方柱，二层是圆柱，皆为塔司干柱式。檐部简洁无装饰，只有二层采用具有装饰效果的瓶式花栏杆。

公使馆大门风格与主楼一致，主体为三间，下有基座，上立塔司干式双圆柱，檐部饰以三陇板，上饰以三角形山花。中央柱间开大门，两侧实墙开窗。门楼两侧为弧形环抱之侧墙，形成门前空地的小环境。

比利时公使馆旧址

同治四年（1865），比利时公使馆设立于东江米巷附近的崇文门内大街路东（当时的东单牌楼北）。光绪二十六年（1900）"庚子国变"中，比利时公使馆被炮火击中，以致比利时公使馆人员不得不放弃馆舍，逃至东江米巷内的其他公使馆内。比利时旧公使馆在各国公使馆中率先被彻底焚毁。

光绪二十七年（1901），《辛丑条约》签订后，比利时公使馆趁机占据原清朝大学士徐桐故宅。随后又将东界扩充至德国兵营，西至洪昌（红厂）胡同，南至南城墙根，北界在东交民巷路南。重建的比利

比利时公使馆旧址

时公使馆大门位于台基厂（洪昌胡同北口）与东江米巷交叉路口的东南角。大门用红砖砌筑，石材镶边装饰，门洞为石砌圆拱，立于两侧石墩上。三角形山墙呈四级阶梯形，底部两侧和顶部以石砌小尖塔装饰，山墙中央镶嵌比使馆石匾牌。

比利时公使馆的现存建筑有办公楼和四栋官邸。办公楼坐北朝南，官邸分列东西两侧，中央为大片绿地。绿地中央有一大水池。办公主楼一号楼为长方形，长约 41 米、宽约 20 米。地上三层，地下一层，砖石结构。

比利时公使馆主楼南立面三开间外凸，强调中央主入口的轴线位置，高耸的屋顶阁楼做成阶梯状三角形山花。这是自中世纪后，尼德兰地区商业城市的建筑传统，其特点是正面很窄，进深很大，山墙临街，山花彼此相接，里面为楼阁，并以哥特式小尖墙等做装饰，形成华丽而复杂的轮廓。

法国公使馆旧址

咸丰十一年（1861），法国首任公使正式进驻由纯公府改造成的法国公使馆。法国公使馆启用时间早于英国公使馆一日，因此，该公使馆成为东交民巷第一座近代外国使馆。

光绪二十六年（1900），义和团围攻东江米巷，由于法国公使馆位于东江米巷使馆区的外围，所以损失惨重，使馆内的部分建筑毁于战火中。

光绪二十七年（1901），《辛丑条约》签订后，法国公使馆重新修

法国公使馆旧址

缮，范围进一步扩大，将公使馆与海关总税务司（位于台基厂中段路西）之间的柴火栏胡同南侧、原法公使馆西北部的民宅一并纳入新馆区。新公使馆占地东西约 122 米、南北约 217 米。

原公使馆主楼为砖木结构的二层楼，平面为"U"字形，带地下室，灰砖清水墙，局部以青石装饰，坡屋顶上有高耸的烟囱。结构对称、东西两端略向前凸。底层南面为连廊，以 1：3 的大平拱与单拱相间隔，二层连廊则为间距较密的柱廊。整个立面形成较强的韵律感。底层中央部分有 3 个大平拱券洞与较小券洞交替，拱角立于青石立柱上。底层东端为前厅及楼梯，西端为大餐厅及厨房，中部为大、小两个会议厅，两者可分可合。二楼主要为办公用房。该主楼已被拆除，现原址新建一幢体量相似的二层楼。

1949 年后，法国公使馆旧址建筑曾原地重建，并为外交部、柬埔寨国家元首西哈努克、国家事务管理局等使用。

法国邮政局旧址

位于东交民巷 19 号的法国邮政局旧址建筑，最初作为列强在京使馆区的附属建筑，竣工于 19 世纪末，当时是以"北京饭店"之名出现的。

光绪二十六年（1900），"庚子国变"之时，该建筑处于义和团、清军与外国士兵战斗的前沿地带，以致遭到严重损坏且无法继续使用。八国联军占领北京之后，各国列强在东交民巷获得独立的邮政权。由于"北京饭店"建筑紧邻当时的法国公使馆，因而被改作法国邮政局，即法国客邮局使用。

光绪二十七年（1901），《辛丑条约》签订后，东交民巷西式楼宇如雨后春笋般拔地而起。这些楼宇不可避免地融入一些西方建筑元素，从而出现了一种结合中西式建筑风格但又受限于建筑技术、建筑条件独具时代特色的建筑形式。

东交民巷的法国邮政局便是这样的典型代表：四方形的中式整体造型；西式方形门廊，门廊廊柱为西方古典柱式风格，门廊三面有西式雕花装饰；房顶有中式女儿墙，女儿墙上方等间隔分布着 9 个断续的西式三角墙；门两侧的石柱上有宝石状的装饰。后来的建筑在使用材料上并未发生改变，只是旧时的单门廊变成如今东西各一的两个门廊，门廊突出，长度较旧时也有所缩减。

法国邮政局旧址建筑为单层建筑，高约 6 米，东、西侧面宽约

东交民巷法国邮政局旧址

13 米。南立面长约 26 米，自西向东均匀建造有 6 扇拱券式窗户，东、西各开一门，门外有门廊，门廊两侧各设置宽约为 0.63 米的方形西式门柱，每个门柱上有椭圆形盾徽装饰。

法国邮政局建筑整体构型四方，顶部有女儿墙，嵌有精美的中式砖雕，并且建筑材料是中式青砖，蕴含中国色彩。而三角墙、门廊的设计，以及拱券式的窗户又是西方建筑样式。所以，旧址建筑本身是一座典型的近代中国折中主义建筑。

正金银行旧址

正金银行于清光绪六年（1880）创办于日本横滨，清光绪九年

正金银行旧址

（1883）在上海设分行，宣统二年（1910）又在东交民巷建造正金银行北京支行大楼。此楼坐落在当时御河路东岸与东江米巷相交处（东交民巷中御河桥）的东北角。光绪二十七年（1901），《辛丑条约》签订后，日本新建公使馆扩大地盘，利用其南面的地块修建银行，其东侧紧邻西班牙银行（现已无存）。

正金银行旧址位于现而今正义路与东交民巷交会的转角处，平面为曲尺形，东西长、南北短。建筑为砖石结构，地上二层，地下一层。在西侧门洞左壁嵌有"1910"年的奠基石。转角体量做成三层弧形塔楼，顶部为半圆形穹顶，上置旗杆，穹顶底部有弧形老虎窗。其主入口开在转角塔楼的南侧，在沿御河桥路的东西向体量中部开有一通往内院的大门洞，设有制作精致的铁花大门。东端、北端的体量微向前凸，顶部饰以三角形山花。其外部造型，属于欧洲 19 世纪流行的古典折中风格，兼具明显的荷兰古典主义风格。这样的风格源自江户时代中期吸取西洋文化的日本，其最先学习的便是荷兰。当时荷兰之学被称为"兰学"，所以荷兰的红砖清水墙饰以白石材的做法在日本近代建筑中颇为流行。

该建筑造型完整、比例适当，表现出银行建筑的稳固性和实力感，并具有较好的城市远景观效果。

麦加利银行建筑

麦加利银行（渣打银行）位于北京东交民巷西端路北甲 39 号，其前身为礼部衙署所在地。麦加利银行是最早在华开业的外国银行之一，咸丰八年（1858）在上海设立分行，实乃旧上海最大的银行之一。

北京麦加利银行建成于民国八年（1919），其主体建筑三至四层，沿东交民巷户部街（民国时改称公安部街）西侧至东交民巷拐角处。西侧有二层楼与其并联为一体，且另有两幢二层建筑，自东交民巷胡同依次向北退后，形成曲尺形前院。北侧有附属用房，形成狭窄的曲尺形后院。

麦加利银行建筑的平面布局曲折，主楼入口直接临街，其南半段三层部分入口位于东南角处。进入宽大的门厅后，经楼梯间上楼，同时还可进入西边的二层楼部分和面积达 177 平方米的大营业厅。

银行下部全部为地下室。东半部为半地下室是办公用房，西半部的地下室是金库。银行外部造型为西方近代折中主义风格。

花旗银行旧址

位于东交民巷36号，如今作为北京警察博物馆用地的花旗银行旧址，与俄国公使馆旧址隔街相对，建造于民国三年（1914）。该建筑地上三层，地下一层，砖石结构。正立面朝北，面临东交民巷的街道。

花旗银行建筑立面三层由水平檐线划分为上、下两部分，约为1∶3。一、二层处理成整体柱廊，四根古希腊爱奥尼亚式柱子高大有力，立于七步台阶之上，纵贯两层，但柱身无凹槽。柱廊两端以宽大的扁平壁柱结束，其柱头为一组复合水平线脚。柱廊之上是通长的檐部，檐壁简洁无装饰，但檐壁比例宽大，额枋窄细，并以一组线脚划分。水平檐口由一排托檐石挑出。柱廊内底层中央为入口大门，两侧各有两个大窗，窗洞上部皆为半圆拱券。金属的门窗框制作精良，外加金属防护栏。二层为5个高大的巨型窗，顶层檐口由多层线脚形成横向腰线组，墙面有与下层对应的5个长窗。檐口上为女儿墙，中部做出巴洛克曲线涡卷形装饰，正中为高大的盾徽，上面刻有花旗银行的标志，徽后设旗杆。东、西立面处理简单，根据需要安排窗户及侧面出入口，只把北立面的水平檐部线脚连续围合。楼体完整，比例适当，外观稳定厚重，是典型的近代古典主义银行建筑风格。

东方汇理银行旧址

东方汇理银行旧址位于东交民巷西段路南34号，坐南朝北。清光绪二十六年（1900）"庚子国变"以前，此地是民宅区。清光绪二十七年（1901），《辛丑条约》签订后，法国公使馆趁机占地建行。而今的银行建筑为民国六年（1917）建造。该建筑西邻美国花旗银行旧址，北隔东交民巷与俄国公使馆旧址相对。

东方汇理银行建筑地上三层，地下一层，砖石结构。外观颇有西欧近代流行的折中主义风格，兼受尼德兰古典主义风格的影响。整体墙面为红砖砌筑，用灰白石材做柱子和分层线脚、檐口、门窗套等。立面划分为三段式，其地下层高出地面约 3 米，地面以上开有明窗，增大了作为基座的底层高度；二、三层作整体处理，顶部挑檐，下有一排古典式托檐石；挑檐之上的女儿墙除在立面中部用实墙式外，两侧皆用瓶式立柱栏杆。

圣弥厄尔教堂

位于东交民巷的圣弥厄尔教堂，建于光绪二十七年（1901），为京内所有天主教堂中建造年代最晚，但却十分难得的哥特式建筑。

平日里并不开放的圣弥厄尔教堂，原属于法国公使馆的辖域。"庚子国变"之后，法国主教樊国梁（亦是西什库教堂的负责人）便与法国公使馆协商，要求其转让土地以便兴建教堂。最终，该教堂由天主教遣使会拨款，并由法国神父高嘉宝主持建造，此乃 20 世纪初洋人在京扩张势力的标志性建筑。当然，由于占地、资金受限，圣弥厄尔教堂的建筑面积亦不甚大。然"麻雀虽小，五脏俱全"，该教堂的内外装饰、陈设还是十分精美的。

这座占地面积 2600 平方米的教堂，建造于高台之上，其坐北朝

圣弥厄尔教堂

南，南北进深十四间，东西面阔三间，主体呈现瓦灰色。教堂顶部南侧为两座锥形尖塔，正门两侧皆有壁龛。堂内装有彩色花玻璃窗，铺设木质地板，北侧为讲经台，正面供奉圣徒弥厄尔的画像。在教堂北侧另有一座两层西式楼房，用来供神职人员居住。

中华人民共和国成立后，该教堂的功能发生了一些调整。此前，这里一直是专供外国侨民使用的教堂，神父也都是法国人。1951年外国神父离境回国，始由中国人担任圣弥厄尔教堂神父。根据1953年的统计，进教堂礼拜的教友大约有700人。1958年后，圣弥厄尔教堂交由东交民巷小学使用，直到1986年学校迁出。在经过修整以后，此地临时作为修女院，并重新开始宗教活动。1989年，圣弥厄尔教堂再度开堂。

西交民巷近代银行建筑群
出现在中轴线上的北方地区金融中心

西交民巷金融区的发展历程

位于中轴线西侧、正阳门城楼西北方向、天安门广场西南侧的西交民巷，虽远不及与它相对称的东交民巷那般出名，然而，这里却是中国近代著名的银行街，亦是晚清至北洋时期国内金融中心。

今日的西交民巷，其东西两端分别为天安门广场与北新华街。在这条全长1000多米的街巷上，矗立着高高低低各种风格的建筑物。当然，在晚清以前的西江米巷时期，此地的天际线还是基本保持一致的。

上溯至明代，从东至西的整条江米巷（即如今的东交民巷与西交民巷）曾是北京的糯米集散地。而且，这条距离颇长的街巷是崇文门至宣武门间的一条主要干道。道路两边曾经市井繁华、商铺林立、车马喧腾。

由于江米巷距离皇城不远、交通方便，所以不少政府机构相继设置于此。在如今的西交民巷一带就曾分布着中军都督府、左军都督府、右军都督府、前军都督府、后军都督府等 5 处都督府，以及太常寺、通政使司、锦衣卫等机关。

至清代，尽管 5 处都督府已然无存，但仍有相当多的政府机关在此办公，如刑部、大理寺、都察院、銮仪卫等。昔日刑部所在地，自民国后成了司法部的办公场所，其街巷名称亦改为司法部街。

在西交民巷设立金融机构，比较集中地出现于 19 世纪末至 20 世纪上半叶。这片区域内的银行组织有 30 余家。若从东向西进行梳理，则依次为河北银行总行、上海商业储蓄银行北京分行、金城银行总管理处、中孚银行北京分行、国华银行北京分行、大陆银行北京分行（现存，全国重点文物保护单位，以下简称国保）、北洋保商银行（现存，国保）、中央银行北京办事处（现存，国保）、四联北平支行、中国农工银行（现存）、中华汇业银行（现存）、中国实业银行北京分行、北京储蓄银行、中国银行北京支行（留有残迹）、中国商业银行等。

西交民巷的兴旺，正好赶上以北京为首都的北洋军阀统治时期（民国元年至十七年，1912—1928）。民国十七年，东交民巷的各国公使馆迁往南京，国内金融中心转移至上海后，西交民巷往日的繁华渐渐褪去。即便如此，至北平和平解放时，仍有 15 家银行与两家钱庄在西交民巷内营业。

中华人民共和国成立后，随着中国人民银行总行自石家庄迁至西交民巷，并在中国银行旧址开张，其下属的各专业部门则利用北洋

西交民巷旧照，右侧建筑为现已拆除的河北银行总行大楼

保商银行旧址办公，西交民巷于国内金融界的地位才重新抬升。1969年，中国人民银行总行迁往位于三里河的财政部大楼，西交民巷办公地点遂成为行内职工的宿舍区。

1979年后，中国农业银行、中国银行、中国人民保险公司等相继落户西交民巷，使得西交民巷重获人气。目前，位于西交民巷的大陆银行旧址、北洋保商银行旧址、中国农工银行旧址、中央银行旧址、中华汇业银行旧址等5座西式风格的近代建筑共同组成了西交民巷近代银行建筑群，并成为2013年第七批全国重点文物保护单位。

大陆银行北京分行旧址

位于西交民巷东口的大陆银行北京分行，由中国银行南京、北京分行经理谈荔孙创办于民国八年（1919）。大陆银行的总行设在天津，其落脚北京的最初地点是在前门外的西河沿路南。民国十一年（1922），位于西交民巷的办公大楼建成，其正式开业的时间则为民国十三年（1924）。

大陆银行北京分行建筑，乃国内建筑学家贝寿同设计，贝寿同为美籍华人建筑师贝聿铭的从叔祖。他在晚清至民国时代，曾主持设计过京内外的一批近代法院与监狱建筑。此外，北京大陆银行和欧美同学会建筑均由他设计。大陆银行北京分行坐北朝南，与已然消失了的金城银行隔街相望。楼宇效仿英国银行的建筑风格，其地上五层，地

大陆银行北京分行旧址

下一层，钢混结构，基座是用大块花岗岩砌筑。在建筑正中的方形钟楼上，覆穹隆顶四面钟，母钟连接子钟。

此座建筑被建筑学界评为"中国建筑师设计西方古典建筑水平较高的一座"，同时也是民国时期华资银行中建筑最为豪华的一座。

金城银行旧址

与大陆银行北京分行隔街相对的是取"金城汤池、永久坚固"之意的金城银行总管理处。此行与前面提到的大陆银行，都是近代中国规模较大的民资银行。金城银行的创办者乃是近代中国著名金融家周作民先生。他麾下的这座银行楼宇，乃是一座花园式建筑，与西交民巷的其他近代建筑有着很大区别。

生于淮安的大实业家周作民，可谓民国时代的金融界奇才。1955年患病逝世后，周家人遵照周作民所立遗嘱，于1957年将其全部财产由香港运回北京。此中既有大量美元和股票，也有数量颇多的珍贵书籍（大约5300册），以及各种文物1405件，而这些皆被捐献给国家。只可惜，如今已几乎无人知晓周作民，也已无法见到曾经位于西交民巷的金城银行了。

中国银行旧址

中国银行的前身是清光绪三十一年（1905）所创立的户部银行，乃国内最早设立的一家近代官方银行。户部银行的主要功能，在于银铜铸币、发行纸币、代理国库、从事存贷款、买卖金银等，具有中央银行与商业银行的双重性质。

光绪三十二年（1906），随着清末"新政"的逐渐推进，改革中央官制亦被提上议事日程，户部银行继而被改称度支部银行。及至光绪三十四年（1908），度支部银行再度更名为大清银行，进而确定了其国家银行的性质。根据史料记载，彼时的大清银行拥有资本1000万两（白银），且分成10万股，由官民各自认购5万股。再至宣统三年（1911），伴随着辛亥革命的枪炮之声，大清银行也走到了尽头。

民国初年的中国银行

西交民巷中国银行旧址遗存

待到北洋军阀时期，在大清银行的基础上创建了中国银行。民国十七年（1928），中国银行总行迁往上海之后，这里又被国民政府指定为特许进行国际汇兑的银行，即中国银行北平分行。中华人民共和国成立后，中国人民银行总行、农业银行总行皆在此地办公。

而今，这座具有重要意义的银行，已然消失在历史的长河之中。曾经的银行旧址就位于西交民巷中段路北27号。这曾是一栋坐北朝南的二层楼宇，其建筑乃是融合了东西方特点的早期折中主义风格。到1982年1月，为了扩建中国农业银行家属宿舍楼，该旧址被拆。现场指挥拆除的一位当事人回忆说："那座二层老楼坚固异常，地下有二层，全是金库，费了很大力气才将其拆掉。"目前，在银行旧址上仅留下两座清代雕花石礅。此外，西交民巷甲25号尚保留了一部分中国银行旧址的遗迹。

北洋保商银行旧址

如今已成为中国钱币博物馆的北洋保商银行，创办于清宣统二年（1910）的天津。其创办的初衷是清理天津商人积欠洋商款项，以维持天津华洋之间商业往来，因此被称为"保商"。该行原初的用途，已于民国八年（1919）实现。此后，保商银行被改组为普通商业银行，其董事长为著名政治家、实业家周自齐。

关于周自齐，在此还需多交代几句。作为晚清、民国时代叱咤风云的政商要人，周自齐曾历任驻美公使馆参赞、领事，外务部右丞、左丞，山东都督兼民政长、中国银行总裁、交通总长、陆军总长、财政总长、农商总长等一系列职务。民国十一年（1922）3月，署理国务总理。至同年6月，更是摄行大总统职务。直至11月，当黎元洪复职大总统之时，周自齐退出政界，不到一年便病逝于沪。若论周自齐的一生，其最为后人乐道者，乃是参与创办了清华学堂。周自齐之墓，而今还基本完好地被保存在门头沟区的城子村。

保商银行在京支行的最初开办地点，乃是前门外西打磨厂。随

北洋保商银行旧址

后，支行被迁往而今位于西交民巷的位置，且成为保商银行的总办事处。及至抗战硝烟初起，保商银行被迫停业。到民国二十七年（1938），日伪政权在这里组建中国联合准备银行，且发行流通于华北敌占区的所谓"准备票"。待中华人民共和国成立前夕，中国人民银行的专业部门入驻于此，直至1979年中国银行从中国人民银行中分离出来。

保商银行大楼是一座三层西式建筑，钢混结构，立面用花岗岩作希腊柱廊，实乃一座经典的近代银行建筑。

中国农工银行旧址

中国农工银行旧址的前身，乃是成立于民国七年（1918）的大宛（大兴与宛平）农工银行。这所由北洋政府财政部及京兆财政厅垫付5万银圆筹办的官方银行，于民国十一年（1922）在西交民巷购置地皮建房，且于当年迁入现址办公。及至民国十六年（1927），该行改组为中国农工银行，其资本总额为500万银圆。待到民国十八年（1929），农工银行迁至天津，后又迁到上海，而留在北平的行址则成为其分行。到了1951年，中国农业合作银行迁址于此。后来，中国记者协会等组织在楼内办公。

中国农工银行旧址建筑，其地面部分二层，半地下一层。此乃一座典型的文艺复兴风格的建筑。在山墙正中的位置，刻有大楼竣工的时间"1922年"。（由于全国人大机关办公楼工程之需，有关部门将这座建筑向西进行了位移。）由于该建筑的欧式风格太过鲜明，导致

中国农工银行旧址

一些专家学者竟将其认定为法国银行。于是，在 1995 年的北京市文保单位名录中，便出现了"西交民巷——法国农业银行旧址"的字样。直到 2001 年，待市政府下发《关于第六批市保单位勘误的通知》时，此地的名称才改回"中国农工银行旧址"。

中华汇业银行旧址

随着中国农工银行一道西移的，还有一栋名曰"中华汇业银行"的建筑。此建筑风格简约，然其造价却并不低廉。中华汇业银行实

中央银行旧址

乃段祺瑞政府与日本兴业银行，以及朝鲜、中国台湾地区的银行签订《中日合办中华汇业银行约规》之后所创办的。彼时，为民国七年（1918）。从中斡旋者，乃驻日公使陆宗舆（也就是五四运动要求惩办的"国贼"之一）。这家银行虽属中国人挂名执掌，但其幕后却少不了日方资本的参与。待北洋政府倒台之时（1928），该行亦跟着倒闭了。

中央银行实乃民国十七年（1928）由国民政府在南京创立。待民国二十年（1931）中央银行北平支行建成，且由天津分行管辖。及至北平和平解放以后，该行被解放军北平市军管会金融处所接收，成为中国人民银行总行的办公场所。2006 年之后，该建筑被移交给中国钱币博物馆使用。

这座位于西交民巷东段的银行旧址，乃砖混结构的建筑，其地上二层，地下一层，门脸朝向西南方向，入口处在西交民巷街面转角位置，迎面可见其半圆形、西洋柱式的外廊。虽然整体建筑不够恢宏气派，然在午后阳光的照射下，也还是别有一番风味。

第三辑

从天安门广场到紫禁城：中轴线上
至为『庄严肃穆』的一片区域

中华门　盛锡珊绘

天安门广场
位于中轴线上的全球最大规模城市广场

从大明门、大清门到中华门

作为皇城禁地之南端点的大明门（大清门），于明、清两代的六百年时间里，是根本不会对普通百姓敞开的。以大明门（大清门）作为背景墙，明、清两代官民在其南侧的棋盘街上进行着广泛的经济活动。纷至沓来的马驮、车载、肩挑、手提的商人，在这热热闹闹的"朝前之市"，堆起的货摊鳞次栉比，京师民众亦接踵摩肩。若以皇城的整体布局来看，在这座周长"一十八里有奇"的红色城垣之上，南有大明门（大清门）、西南有长安右门、西有西安门、北有北安门、东有东安门、东南有长安左门，总共为六座城门。而作为南端点的大明门，则远在皇城南垣南侧近千米的位置。（而今的学术界，尚且存在着三种看法：皇城"四门"，即天安门、地安门、东安门、西安门；皇城"七门"，即六门加天安门；皇城"八门"，即六门加天安门、端门。）

　　有明一代，若从大明门一路北上，经过一条由石板铺就，且专供皇帝出入的中间御道，便可直达由长安左门与长安右门围成的那个并不宽阔的"奉天门前小广场"。其间，首先要经过一个东西宽度为 50 米左右、南北长达 800 米的纵向广场。这便是"明承元制"所修建的千步廊了。走在千步廊皇城两侧的石板路上，可以拜访分列于此的各由 110 间朝房构成的"部委"机构。在千步廊的东墙外，为内阁之兵部、工部、吏部、户部、礼部等 5 个部门，以及翰林院、宗人府等机构；于千步廊的西墙外，则设置有前、后、左、中、右五军都

拆除前的中华门与"T"字形广场

督府，以及太常寺、锦衣卫、通政司等政府衙署机构。自高空鸟瞰帝京，这大明门—千步廊—长安街—承天门之皇城区域，基本上会呈现出"T"字形的格局。

及至清代，顺治帝入京后即改大明门为大清门。清代的千步廊两侧，除了承继明代官署机构之五部、宗人府、鸿胪寺、钦天监、太医院等以外，原五军都督府、锦衣卫之地则被大理寺、刑部、銮仪卫，以及大片八旗民宅所取代。

在民国三年（1914）出版的《新北京指南》里，对中华门一带的大致情形曾有过这样的描绘："中华门前隙地系方形，前三面皆绕

石栏，谓棋盘街。东南、西南二隅皆方角外伸，交通不便。民国元年（1912），将方角改作圆形，二隅皆内缩，车马往来，较前甚为便利。""中华门先系大清门，与东西长安门（长安左右门）虽设而不开，禁人行走。元年尽行开放，可由中华门与东西长安门往来出入。唯中华门只准徒步行走，禁止轿车与人行车。""又中华门内向系千步廊，民国二年（1913）秋季，又于东西廊中间各开一门，东对户部街，西对四眼井街，均可往来。"

中华门被拆，是在人民英雄纪念碑落成之后的 1958 年。依照北京市政工程局专家孔庆普的话来说："中华门的结构形式与长安左右门完全相同，在东南角的白石须弥座背面刻有'大明永乐十八年仲秋'字样。"待中华门被拆除后，其南侧的一对石狮子被移至正阳门城楼北面的东西两侧，改为面朝北方。及至 1977 年修筑毛主席纪念堂的时候，鉴于正阳门城楼南侧的一对石狮子（民国所造）不甚美观，故而将城楼北侧的石狮子移至南侧。目前所能见到的这对正阳门前石狮，便是中华门的重要遗存了。

长安左右门与东西三座门

待到 20 世纪中叶之后，改造天安门地区成了一项持续数十年的重大工程。早在中华人民共和国成立之初，关于东西长安街上的东西三座门和长安左右门之存废，便成了一时间讨论的焦点。

在而今的很多文献资料中，容易将东西三座门与长安左右门搞混。实际上，长安左右门的确被民众称作"东西三座门"。但真正的东三座门位于南池子南口以西，西三座门则位于南长街南口以东。这两处三座门皆始建于清乾隆十五年（1750）。及至民国时期，为了交通方便，市政当局曾对东西三座门进行了改建。此工程是与开辟南池子、南长街的门洞同时，其样式如同而今南池子、南长街的门洞。待到 1950 年，这两处三座门及其周边红墙一并被拆除。

　　至于明代所建的长安左右门，分别位于太庙、社稷坛南侧的长安街路面上，拆除经历了三年的波折。究其原因，这两处三座门实在宝贵。按照梁思成所言："长安左门与长安右门是北京旧城的精华——建筑中轴线不可或缺的部分。因为'从正阳门楼到中华门，

拆除前的西三座门

由中华门到天安门，一起一伏，一伏而又起，这中间千步廊御路的长度，和天安门面前的宽度，是最大胆的空间处理，衬托着建筑重点的安排。"在"最大胆的空间处理"方面，长安左右门可以说是居功至伟。

然而，中华人民共和国成立后所举办的一些重大活动，以及对于长安街上的车辆通行，长安左右门确实有相当大的阻碍。主张拆除者认为"节日游行阅兵时，军旗过三座门（长安左右门）不得不低头，解放军同志特别生气。游行群众眼巴巴地盼着到天安门前看看领袖，但游行队伍有时直到下午还过不了三座门（长安左右门），见不到领袖"。最终，长安左右门于1952年被拆除。按照孔庆普所言："拆下来的料移交给房管局了。听说故宫博物院用了一些。基座的石料在中华门北侧摆了好些年。"

天安门广场的改建，是1958年9月由党中央决定的。这件事是在周恩来总理的亲自关照和市委、市政府的领导下进行的。从正阳门城楼北望，一直到天安门城楼的位置，总共有860米的距离。在这里，有已经兴建完成的人民英雄纪念碑在内的6座（组）大中型建筑（或建筑群），另外还可以建设包括人民大会堂、中国革命博物馆和中国历史博物馆等。拆掉中华门等原有建筑，为广场内预留出两座大型公共建筑的位置。在广场的基本规划中，其面积由原来的21公顷增加至44公顷。（此方案"从原长安左右门处一直向南拓展，直抵正阳门一线城墙"。）与此同时，广场的地面上全部铺设了混凝土方砖。而在天安门城楼南侧也铺砌了长达390多米、宽度为80米的花岗石路面，从而与宽阔的广场连为一体。

1951 年，在长安右门前参加国庆活动的学生

人民英雄纪念碑

　　天安门广场上营造时间最长的建筑是人民英雄纪念碑。早在 1951 年，由中央和北京的 17 个机关及群众团体，组成了首都人民英雄纪念碑兴建委员会，征集了 240 多个纪念碑的设计方案。当年的国庆节时，于天安门城楼上陈列了 3 种比较成熟的设计方案模型。在公开征求了各方面意见之后，3 种方案被综合成为最后的方案。1952 年八一建军节之际，纪念碑正式开工。1958 年 4 月，正式落成。

　　这座继承我国建筑独特传统的纪念碑，北距天安门墙基 463 米，纪念碑的高度约为 38

人民英雄纪念碑

米，大台南北长约 67.5 米、东西宽约 50.4 米；小台长宽各约为 32 米，
两层月台的四周有宽敞的台阶。整座纪念碑总共使用了大小不等的
13000 块石料，碑的各部皆以浅紫色的青岛浮山花岗石砌筑；碑座的
十面浮雕与月台周围的栏杆，采用北京房山大石窝村所产的汉白玉石
材，纪念碑的碑心石重约 70 吨。此碑亦坐南朝北，碑心上镌刻着毛
泽东主席所题写的"人民英雄永垂不朽"8 个大字。碑身背面的碑心
石是由 7 块大石料组成，上刻由毛泽东主席起草、周恩来总理所书就
的碑文。

纪念碑碑座四周的大理石浮雕总长度为 40.68 米，高约 2 米。作
为装饰的浮雕分别为：1839 年的虎门销烟、1851 年的金田起义、
1911 年的武昌起义、1919 年的五四运动、1925 年的五卅运动、1927
年的南昌起义、1937 年的敌后抗日游击战、1949 年的渡江战役，共
有 180 个人物形象。

人民英雄纪念碑的总体设计，是由以清华大学教授梁思成为首的
建筑学家们集体完成的；浮雕图案的设计与绘制，是由以中央美院教
授刘开渠为首的雕塑家们共同完成的；碑文勒石镌刻，是由以书法家
魏长青为首的国内知名书法家团队一起完成的。

人民大会堂

人民大会堂的建设，始于 1958 年 11 月。这座占地 15 公顷、建
筑面积超过 17 万平方米的巨大建筑物，比故宫的建筑总面积还要大。
人民大会堂的立面造型上一虚一实，廊柱一圆一方。在外部装饰上，

设计者采用了红色花岗岩的台基、浅黄色人造假石的廊柱和墙面，以及黄绿相间的琉璃瓦檐。人民大会堂总共有大小厅室 100 多个。在总体布置上，会堂是由万人大礼堂、5000 人的宴会厅和全国人大常委会的办公楼 3 个部分组成。自大会堂的东大门进入后，前行不远便是中央大厅。过了中央大厅，即是万人大礼堂了。这里是举行党的代表大会、全国人大会议、全国政协会议的主会场，亦是举办群众集会与大型文艺演出的重要场所。大礼堂宽为 76 米、进深 60 米、中部高度为 33 米，可分为上中下 3 层。其西面的主席台，可容纳 300 ~ 500 人的会议主席团就座；礼堂东侧为扇形会场；座席最远处，距离主席台之水平距离，仅为 60 米。而且，按照周恩来总理的指示，礼堂的墙面与屋顶之间，采用了"水天一色"的处理手法。

人民大会堂的宴会厅，大门朝向西长安街，北对中山公园。门厅以南设置迎宾北大厅，其东西两侧为连续休息廊，且全部为绿色大理石铺就地面。大厅的南侧，为汉白玉大楼梯。拾级而上，折而往北便是宴会厅，使用面积达 7000 平方米，可安排 5000 人同时入席。

人大常委会的办公楼，位于大会堂建筑的南部，其正门朝南。办公楼内，设有常务委员会的会议厅、国宾接待厅和宴会厅等。

在大会堂仅以十个月而"多快好省"地建设完成之后，周恩来总理于《伟大的十年（1949—1959 年）》一文中写道："北京的人民大会堂这样大的建筑，只用了十个多月的时间就建成了。它的精美程度，不但远远超过我国原有同类建筑的水平，在世界上也是属于第一流的。"

中国国家博物馆

与人民大会堂同时建成的，是位于天安门广场东侧的中国历史博物馆、中国革命博物馆。广场西侧的人民大会堂，建筑面积超过了 17 万平方米，然与之相对的两座博物馆的建筑面积只有 6.5 万平方米。为了能与天安门广场的尺度相协调，并且要均衡广场两侧的建筑外形与体量，这座建筑也需要有相当大的尺度，哪怕只是轮廓。由此，设计者采用了以"目"字形为基础的平面布局，且在入口处安排了空廊，以较少的建筑面积获得了较大的外形轮廓。与此同时，由于广场东西宽度达到 500 米，其两侧的建筑（大会堂与博物馆）都需有与之相匹配的高度。然而，从使用要求来看，博物馆建筑的高度又无须太高。因此，设计者只能增加层高。当时，此类建筑物一般为三层。中国历史博物馆、中国革命博物馆则为局部四层，其中的二、三层为展览区域，而一、四两层则为辅助用房。在平面布局上看，中国革命博物馆占据场馆的北半部，中国历史博物馆占据着南半部。博物馆公用的门厅、礼堂等则位于两座博物馆之间。由于全部陈列面积皆布置于二、三两层，所以正门厅设在二层的中央位置。博物馆的一层为珍藏室、仓库等，与一座可容纳 700 人的礼堂，并直接与东侧大门相通。至于博物馆四层，除了珍藏室与办公室之外，另有阅览室、研究室，对历史学界、文物学界的专家学者开放。

博物馆建筑正面的空廊，高度达到 33 米，长度超过 100 米，为整座建筑物创造了一个完整的对立面。此与人民大会堂的实廊相对应，并进而将天安门广场的空间，通过空廊引入内院。这样的做法，把建筑物与天安门广场更加紧密地连在了一起。于空廊

国家博物馆外立面

的上部，设计者安排了一组与人民大会堂实廊上方之国徽相对应的红色旗徽。

　　中国历史博物馆，其前身是始建于民国元年（1912）的国立历史博物馆筹备处。当年的场馆所在地，乃是国子监。待到民国六年

（1917）博物馆迁至午门，且在经历了相当长的筹备时间之后，于民国十五年（1926）正式对外开放。及至1949年，该馆更名为国立北京历史博物馆。到1959年，再度改名为中国历史博物馆，且迁入现址。

中国革命博物馆，其前身则是1950年诞生于北海团城的中央革命博物馆筹备处。及至1959年，新场馆建成后筹备处整体迁入。1960年，该馆定名为中国革命博物馆，并于1961年对外开放。

1968年9月，两馆首次合并为中国革命历史博物馆。1983年4月1日，两馆恢复原有建制。2002年，一场大规模的改造工程拉开序幕，两座博物馆再次合二为一，组成中国国家博物馆。2008年，几乎重建的新馆最终落成。

毛主席纪念堂

中华门被拆除之后，其原址便为一片苍松翠柏所占据。待中华门消失的第十八个年头，大部分松柏又被移开了，而在其基址上修建起一所宏伟的毛主席纪念堂。这座长宽各为105.5米、高33.6米的正方形建筑物，占地面积5.72公顷，总建筑面积达到33867平方米。毛主席纪念堂居于正阳门城楼和北侧的人民英雄纪念碑中间，其中心位置距离正阳门城楼北边线，以及人民英雄纪念碑的第一层平台南台帮，恰好各200米。由于处在天安门广场的南侧，其朝向打破了我国一般纪念性建筑物坐北朝南的传统习惯。毛主席纪念堂的正门朝北，这与人民英雄纪念碑的朝向正好一致。毛主席纪念堂的建成时间为

毛主席纪念堂

1977年9月9日。这一年，恰逢毛泽东主席去世一周年之际。

　　为了保证毛主席纪念堂周边拥有充足的空间，包括瑞金大楼、北京邮局大楼（东交民巷西北部，北京邮政管理局旧址）、河北银行总行北京支行旧址（西交民巷东侧把口）等皆被拆除。

天安门城楼

矗立在中轴线上的"华夏第一楼"

天安门城楼是皇城的各处门楼中形制最高的。城楼下为城台，上有城楼。城台底面东西宽 120 米，南北进深 40 米，占地 4800 平方米。城台底面有汉白玉石的须弥座，总高 34.7 米。城楼上 60 根朱红色通天圆柱，地面由金砖铺成，一平如砥；高大而色彩浓郁的墙台，上有两层重檐楼，有黄色琉璃瓦，东西九间，南北五间，象征皇权的"九五之尊"。城台下有券门五阙，中间的券门最大。

在天安门前流淌着的金水河上，曾于清康熙二十九年（1690）飞架起 7 座精美的汉白玉桥，一般称为"外金水桥"，其中，有 5 座桥的桥洞与天安门下的 5 个门洞相对应。桥面略拱，桥身如虹，构成绮丽的曲线美。桥建成后，中间最突出的一座雕着蟠龙柱头的桥面，只许皇帝一人通过，叫御路桥；左右两座雕有荷花柱头的桥面，只许亲王通过，叫王公桥；再两侧者，只许三品以上的文武大臣通过，叫品级桥；最靠边的普通浮雕石桥，才是四品以下官吏和士兵可通行的，叫公生桥。桥南东西两侧，各有汉白玉石华表矗立，云绕龙盘，极富气势。如今，位于北京市劳动人民文化宫与中山公园门前的公生桥原貌已然不复存在。为了保障游客的安全，公生桥的桥身被加宽至 11.8 米。

上溯至明永乐年间，在如今天安门的位置，几乎是一片空地。空地北侧的不远处，为一座黄瓦飞檐三层楼式的五孔木牌坊。就是这样一座甚为单薄的牌坊，在建成后不久，即天顺元年（1457）即遭雷火焚毁。自此以后的 8 年时间内，该地基本上空无一物。成化元年（1465），在工部尚书白圭主持下，重新建造起一座承天门，位置也被移到了而今天安门所在的地方。当时的城台，被开辟出 5 个券门，并在城台上建有城楼。以前的牌坊式，被改成了宫殿式。这座崭新的皇城南部之地标建筑，东西宽五间、南北进深三间，为重檐歇山顶。在此后的漫长岁月里，承天门一直被当作举行颁发诏书仪式的地方。凡是举办国家级典仪，如皇帝即位或册立皇后，皆在此宣读诏书。读罢，诏书放入"云匣"内，再用彩索系于"龙竿"上，自承天门降下，并最终由礼部颁行全国，这便是"昭告天下"的过程了。崇祯十七年（1644），李自成进入京师，明代灭亡，承天门再次受到损毁。李自成率兵撤出皇城之际，一把大火将承天门烧得只剩下了 5 个光秃秃的门洞。

进入清代，穿过那条"狭长"的千步廊，重建于顺治八年（1651）的承天门，便会呈现在眼前。此时的承天门，已经更名为天安门。这一名称，将成为贯穿清代、民国和中华人民共和国 3 个历史时期的重要城市记忆。随着古老中国的君主专制体制让位于人民当家做主的制度，对于越来越多的中国人而言，天安门城楼的红色文化意味愈发彰显。

清光绪二十六年（1900），"庚子国变"之后，天安门城楼严重损毁。城楼被修葺后未久，隆裕皇太后于民国元年（1912）在此颁布了清帝退位的诏书。由此进入民国时期，天安门城楼前成了青年学生组织集会游行的重要场所。民国八年（1919）的五四运动、民国十五年（1926）的"三一八"游行示威、民国二十四年（1935）的一二·九运动，以及民国三十六年（1947）北平学生"反饥饿、反迫害、反内战"的游行活动，都在这里举行。

新中国成立后，作为中华人民共和国标志建筑的天安门城楼，成为自开国大典以降历次国庆大典的主要观礼场所。与此同时，对于天安门城楼的修缮工作，也一直在进行中。1952年的修葺，于城楼西侧的木梁上取出3枚英国制造的炮弹。1962年的修缮，在金水河北侧建造了6座红色观礼台。尽管始终不断进行着小修小补，但在1962年前后，专家们依旧发现天安门城楼存在着严重损坏和变形等问题。1966年，受邢台地震的影响，天安门城楼损坏和变形的程度变得更为严重。地震过后，京津唐地区可能发生强烈地震的预测，仍经常出现。为了保证在天安门城楼举行的各项庆祝与接见活动能够顺利进行，经国务院决定，拆除天安门的旧城楼，并按照原有规模和建筑形式重建一座。从保护历史文物的角度出发，新的天安门城楼应完全保留原来的外形、尺度和结构布局，并要按照防御九级地震的标准来进行设计建造。天安门旧城楼被拆除于1969年12月，在国务院主要领导的关照下，工程进展甚为顺利，只用了一个星期即拆除完成。

光绪二十七年（1901）的天安门

1969 年 12 月下旬，新城楼开始施工，经过昼夜奋战，100 多天之后，项目全部竣工；1970 年 4 月，经国家相关部门验收合格。

　　新的天安门城楼，全部木柱、木梁皆采用整根木材制成，其中大部分使用来自马来群岛北婆罗洲与非洲的硬质木材，斗拱及内部装修则采取楠木、柚木、红松等。全部木构件均做了化学药剂处理。由于增加了斗拱尺寸，使得新城楼高度比原有城楼高出 87 厘米。新城楼

宏伟的华表和天安门城楼

增设了上下水、暖气、广播电视、新闻摄影等现代化设施。城楼的外檐原来的油漆彩画金龙和玺被改成西番莲草和玺，1984 年再次被改为金龙和玺。

　　1969 年重建之后，天安门城楼又经历了 1980 年的大修。1982 年，外金水河两端及南岸的观礼台被拆除。1988 年，天安门城楼面对公众开放。1999 年的国庆 50 周年前夕，天安门城楼又一次重修。

太庙

居于中轴线东侧的"左祖"

　　遵照《周礼·考工记》中"左祖右社"的规制，分立于天安门至午门中轴线东西两侧的太庙、社稷坛，共同组成了中轴线两侧"一实一虚"的空间结构。这一实，是以巍峨三大殿为核心的太庙；这一虚，是以空旷低矮的祭祀坛为核心的社稷坛。

　　作为国家最高等级庙堂的太庙，创建于明永乐十八年（1420）。该庙于明嘉靖二十年（1541）被雷火击毁，嘉靖二十四年（1545）得以重建。进入清代，太庙又于顺治六年（1649）、乾隆元年（1736）被修葺。乾隆四年（1739）修葺完成后，基本形成了而今的格局。

　　太庙共设有三重墙垣，均为红墙黄瓦顶。太庙外垣东西宽294米，南北长475米。昔日太庙并无南门，如今的南门是民国时期所开辟（亦为北京市劳动人民文化宫正门）。太庙西侧有三座门，其西南门为明、清时代太庙的正门，即太庙街门，这是一座面阔五间的庙门；其西侧中间为太庙右门，因临近神厨而被称作神厨门；西北侧为西北门。此三门皆坐东朝西，与社稷坛外坛东墙的三座门相对。太庙的内外城垣之间为太庙外院，其中遍布了 500 年以上的参天古柏。外院南部东侧有牺牲所、奉祀署等附属建筑。

太庙第二重墙垣东西宽 208 米，南北长 272 米，此墙垣围绕着太庙的第三重墙垣。在二、三重墙垣之间的东西两隅，分别建有神库、神厨等附属建筑。

太庙第三重墙垣之内，便是太庙的建筑核心群。内垣南门称为"戟门"，面阔五间，中启三门。台基石栏环绕，正中为汉白玉雕御道。戟门南侧有 7 座汉白玉石桥跨越小河道上，此规制类似于紫禁城太和门广场的内金水桥。戟门具有明显的明代殿宇特征，被建筑学家们认为是明永乐年间的重要建筑遗存。

进入戟门，便是类似紫禁城外朝三大殿的太庙三大殿建筑群。其南侧前殿即祭殿，亦被称为"享殿"，是皇帝祭祀时行礼的场所。祭殿面阔九间、进深四间，清乾隆朝增建周回廊，从而形成面阔十一间的格局。位于三重汉白玉石台基上，为黄色琉璃瓦重檐庑殿顶的建筑，被坊间誉为"紫禁城太和殿的缩小版"。祭殿所用木料中，立柱部分皆为外镶沉香木，余者则为金丝楠木。

祭殿身后是寝殿，从布局上看犹如紫禁城三大殿的中和殿。其面阔九间，黄色琉璃瓦单檐庑殿顶，与祭殿皆在"工"字形的高台之上，呈现"前朝后寝"的格局。此殿于明代创建之时，是供奉明代历代皇帝神主牌位的所在。

寝殿后为祧庙，其建筑布局如同紫禁城的保和殿，是供奉皇家远

太庙戟门

祖的场所。祧庙规制与寝殿相同，其东西庑各有五间，作为贮存祭器的仓库使用。

　　明、清朝代更迭，并未影响太庙的整体布局，但对于祖宗牌位的改换，还是产生了一定影响。比如，太庙中祭祀的祖宗牌位，便由明太祖朱元璋、明成祖朱棣等，瞬间更换为清太祖努尔哈赤、清太宗皇太极诸帝。此番转变，发生于顺治元年（1644）九月。只是，作为初入太庙的清代君王，其所享受到的"待遇"并不奢华、隆重。寄寓着努尔哈赤与皇太极"魂灵"的祖宗牌位，还要在破落的太庙中待上4年之久，到顺治五年（1648）才能得以"重光"。与此同时，已然"安贫若素"的明代的历代帝王的牌位，皆被请到历代帝王庙中，并以前朝君主的身份得以祭祀。

　　自顺治朝起，太庙曾被至少四代帝王进行过修缮。其中，改动最大者，乃在乾隆朝。太庙前殿摆放着自努尔哈赤以降的清代的历代皇帝的金漆蟠龙宝座与牌位。前殿两侧的东西庑殿内，安放着功勋卓著的清代王公贵胄及文武官员牌位。在东庑殿内，由北往南摆放的牌位依次为：雅尔哈齐、礼敦、额尔衮、斋堪、代善、多尔衮、舒尔哈齐、多铎、豪格、岳托、允祥、奕䜣、策凌。于西庑殿中，自北而南依次为：费英东、额亦都、扬古利、图尔格、图赖、图海、鄂尔泰、张廷玉、兆惠、傅恒、阿桂、福康安与僧格林沁。

在太庙中殿内，主要供奉着清代的历代帝王牌位。于乾隆朝，这里已有清太祖、清太宗、清世祖、清圣祖、清世宗等五代帝王的牌位了。自清代中叶以后，此处又增加了清高宗、清仁宗、清宣宗、清文宗、清穆宗、清德宗的牌位，并一律将牌位改成了神龛，直至清王朝灭亡。中殿也是帝王告祭的所在。凡是登基、上尊号、万寿庆典、大婚、册立皇后等事宜，都是由皇帝颁旨，并在这里主持告祭仪式的。至于太庙的后殿，则为供奉努尔哈赤家族 4 位远祖牌位的祧庙。这一祭祀的关键部分，是在辽宁抚顺的清永陵内举行的。

进入民国后，太庙仍属清室管辖。由于清室开支用度过大，以致不得不将太庙售票开放。时隔未久，溥仪便被驱逐出宫，太庙亦随之关闭。民国十三年（1924）底，太庙由北洋政府接管，并被开辟为和平公园。民国十七年（1928），太庙隶属于国民政府内政部。民国二十年（1931），此地由故宫博物院接管。为了利用起这片空地，太庙于民国二十一年（1932）再度对外开放。民国二十三年（1934），国民政府铁道部于太庙内举办第三届铁道沿线物品展览会，为期长达 40 天，参观者竟达百余万之众。尝到甜头的市政当局，于民国二十四年（1935）举办北平市物产展览会，历时一个月，其中还免费开放两日，参与者有 30 多万人。这两次展销会的售卖数量极大，令北平市政当局兴奋异常。在此后的十余年内，由于民族危机加深，太庙又重新归于沉寂。

太庙再度热闹起来是在更名为北京市劳动人民文化宫后。这个新名称的匾额，是毛泽东主席亲笔题写的。改为北京市劳动人民文化宫的太庙于 1950 年 4 月 30 日揭幕，5 月 1 日正式对外开放。按照当时的定位是"劳动人民的学校和乐园"。与此同时，这里也接待中外游客参观。每年节庆之日，太庙内还会举办丰富色彩的游园活动。在太庙配殿东西墙外空地上，还分别修建起体育场和劳动剧场。时隔不久，太庙内又先后兴建了电影馆、科技馆、图书馆、展览馆等设施。1999 年，被誉为世界上最大的用于舞台演奏的"编钟之王"，被陈列于正殿之中。这便是如今太庙内所展示的基本内容。

1988 年，太庙与社稷坛一道，被列入第三批全国重点文物保护单位名录。

社稷坛
位于中轴线西侧的"右社"

位于天安门城楼至午门一线西侧的社稷坛，乃是明、清时期祭祀土地神（社神）与五谷神（稷神）的国家级坛庙。起初，社稷坛所在地曾为辽、金、元三代的兴国寺。只不过辽、金时期的兴国寺位于辽南京、金中都的东北郊外。到了蒙、元时期，兴国寺则位于大都丽正门内偏西北方向。而今，在社稷坛的南部区域，仍留有数株近千年的参天古柏，似乎是在见证着兴国寺的历史。及至明永乐帝决定迁都之后，于永乐十八年（1420）兴建社稷坛。至于兴国寺被毁弃的时间，目前已不可考。有学者推测，大抵是在元末明初之际。

明代京师的社稷坛，已然不再参考元大都的布局，而是依照南京社稷坛的规制来兴建。社稷坛的主体建筑群，为双重墙垣围绕，其规模与太庙内两重城垣环绕的面积相当。社稷坛的平面乃是一个南北稍长的不规则长方形，其南部东西宽 345 米，北部东西宽 375 米，南北长 470 米，总面积约为 24 公顷。外坛并无北、南、西三侧宫门，仅东侧有宫门，且与太庙之西侧庙门隔中轴线相望。

　　社稷坛内侧垣墙东西宽 205 米，南北长 266 米，乃红墙黄瓦顶。其四面正中皆有门，然以北门为正（由于"祖"为阳，所以太庙内垣的正门为南门；"社"为阴，于是社稷坛的内垣正门为北门）。祭祀社稷之神，要由北往南步入社稷坛。因此，自内垣北门向南，便依次为戟门、祭殿、社稷坛。（而今的参观者，大多是从社稷坛"五色土"一路北行，其实顺序是逆着的。）戟门面阔五间，黄琉璃瓦歇山顶，门内两侧原有 72 支镀金银铁戟，但于清光绪二十六年（1900）

1945 年航拍社稷坛

"庚子国变"中被列强掠去。戟门南侧的祭殿，也被称作拜殿、享殿。而今其名曰"中山堂"，只因孙中山先生于民国十四年（1925）去世后，曾停灵于此。祭殿面阔五间，黄色琉璃瓦歇山顶，重昂七踩斗拱。此殿与戟门皆位于"工"字形汉白玉台基之上。

祭殿的南侧，乃是最受世人关注的五色土祭坛了。此坛名曰"社稷坛"，乃是整个社稷坛建筑群落的核心所在。其社墙为琉璃砖砌筑的高 1.7 米的矮墙，各面墙垣长度皆为 62 米，且按照五行方位选用不同色彩的琉璃砖：东为青色，西为白色，南为朱红色，北为黑色。此色彩而今或变化，其实应该严格按古法落实。坛墙的四面各设置一

中山堂

座汉白玉棂星门。社稷坛主体为正方形三层平台，四出陛。上层边长15米，中层边长 16.8 米，下层边长 17.8 米。坛上铺设五色土。

其实，早在社稷坛初建的时候，这五色土的选取，便是依据坛面的位置，而从全国东、西、南、北、中 5 个地方得来的。据《明史》记载，洪武四年（1371）于中都凤阳城内建造太社坛时，工部的取土地点分别为山东进献青土，以示东方；江西、湖广（湖北、湖南）、陕西进献白土，以示西方；浙江、福建、广东、广西进献赤土，以示南方；北平进献黑土，以示北方（北平一带地区，其时的自然环境竟有如此之好，令人疑惑）；直隶（安徽、江苏）、河南进献黄土，以示中央。这种取土的地域记载，于此后的史书中未再出现。然可以想象，被视作北方且做取土之地的北平，或许要更改为东北之黑龙江。只是黑土本身未变而已。

待祭祀社稷功能不再，这座古老的皇家坛庙，于民国三年（1914）正式对公众开放，最初的名称被定为中央公园。及至民国十七年（1928），由时任市长的何其巩将其更名为中山公园，以纪念停灵于此的孙中山先生。

昔日古代帝王祭祀社稷，行进的路线是由北至南；今朝普通百姓游览公园，参观的路线是自南往北。更具体些，乃是自东南往西北。

在中央公园正式开放之前，这里只是一片杂草丛生之地。进入民初开辟的社稷坛南门，所能见到的仅为一大片空旷之地。只有走进内垣，才能看到这里难得的建筑——社稷坛。穿过社稷坛，乃是祭殿和戟门。若往内垣的西南方向看，尚有神厨、神库及与之隔墙相对的宰牲亭。除此之外，这里就再也见不到任何地面建筑了。待中央公园开放之后，这里的最大变化便是自公园外陆续"搬移"进来诸多的建筑（以及建筑小品）。民国四年（1915），依照朱启钤的构想，于中央公园的西南部设计建造了水榭。水榭周遭有假山围绕，山前有一潭并不太大的湖面——此乃朱启钤的"城市园林化"主张的重要体现。自水榭建成之后，京城文化界经常于此地举办画展等。比如，民国六年（1917）为了赈济水灾难民，水榭内曾举办画家陈师曾的画展，多位画家参与其中，盛况空前。陈师曾为"清末四公子"之一的陈三立之子，他的弟弟是历史学家陈寅恪。民国二十四年（1935）水榭还举办过张大千的个人画展。当时的张大千正值绘画事业的高峰，且迎娶杨宛君未久，其展出的作品在京城画坛引起了不小的轰动。此后，一批美术家的作品陆续在水榭展示。至民国三十六年（1947），齐白石、陈师曾、徐燕荪等人的作品于这里还进行了一次联合展览。

自新开辟的公园南门进入之后，前行不远即为"公理战胜坊"。这座高大宏伟的汉白玉牌坊，乃是 20 世纪所建造的京内最为精美的牌坊之一。只是，在其精美的设计雕刻背后，隐藏着的是一段不堪回首的"庚子国变"往事。此坊原名为克林德纪念牌坊，其位置是在东单往北的西总布胡同西口外，也就是光绪二十六年（1900）德国驻华公使克林德赴总理各国事务衙门途中，被清神机营霆字队枪八队章京恩海刺杀之地。待一战结束，作为战胜国之一的中国政府，决定将牌坊更名为"公理战胜坊"，且将其迁移至中央公园内。至于牌坊上被改刻"保卫和平"4 字，则是中华人民共和国成立之后的事情了。

于"公理战胜坊"的北侧，曾经矗立着辛亥革命时期之滦州起义中牺牲的两位烈士——施从云、王金铭的铜像。这两尊铜像，为民

初建之时的克林德牌坊（后移至社稷坛内）

国十三年（1924）于冯玉祥主政北京时期所建造。待张作霖的奉军入京之后，将两尊铜像埋入地下。至北伐战争结束，冯玉祥又派人将其挖出复位。而卢沟桥事变爆发后，由于北平沦入日寇之手，铜像最终被毁。

待多年之后，于孙中山先生诞辰120周年之际，一尊孙中山铜像被放置在这座牌坊北侧的位置上。

若以这座牌坊为基点，其西侧不远处，乃是从旧礼部移来的清代习礼亭。亭北为孙中山的奉安纪念碑。经过了社稷坛，北侧的大殿，已然改为中山堂，原来的戟门，在社稷坛改建为公园后的民国五年（1916），其四周砌墙封窗，改造为戟殿，曾一度为中山图书馆。中华人民共和国成立后，此地是政协北京市委员会的会议厅。社稷坛

孙中山铜像

的东侧，曾经有蔡公时纪念碑，纪念民国十七年（1928）遇害于"济南惨案"中的蔡公时将军；社稷坛的西侧，曾经有美国前总统哈定的纪念碑。这位美国总统在其任期内（1921—1923），在华盛顿会议上"为中国讨回了些公道"，使得中日之间的"青岛问题""废除二十一条问题"等得以"解决"。再加上哈定总统猝然长逝，因此立碑纪念其"友善之举"。然而，在卢沟桥事变爆发之后，由于日军占领北平，蔡公时与哈定之碑皆悄然消失。

就在社稷坛的南侧坛门之内，有民国时代建成的卫生陈列所，如同小型的自然博物馆。这里所放置的大玻璃橱柜中，陈列着有关生理卫生的各种标本，以及肌肉、骨骼、五脏六腑、神经系统各种病理的图片或图画，近旁还有详尽的说明。墙壁上且悬挂着动物发育形状图、病菌圆形虫发育状况与动物解剖图、婴儿发育图、各类别药草药液的说明图等，观者皆可读得明白。中华人民共和国成立后，这里仍是健康教育展览的场所。

游览中央公园，倘若累了，最佳的休息之地便是位于公园东南部的来今雨轩了。这家茶座的名称，得自杜甫《秋述》诗前小序"旧雨来，今雨不来"的典故。该茶座实乃民国式样的建筑，红色砖房、歇山瓦顶，屋外有廊柱，四周有围廊，室内有地板和护墙板，中西融合。来今雨轩的匾额，是由北洋系大佬徐世昌题写的。兴办的时间，亦为徐世昌在政坛较为活跃的民国四年（1915，此时袁世凯正准备复辟帝制之事，而徐世昌则担任袁世凯政府的国务卿之职）。据说，得到徐世昌墨宝的来今雨轩，一时间名流集聚。无论是北洋时代的总统、总理、各部部长、次长，以及军事将领，还是诸如陈独秀、李大钊、鲁迅、胡适、

南望戟殿

周作人、钱玄同、徐志摩、郁达夫，甚至印度文学家泰戈尔等文化名流，皆曾以来今雨轩作为其休闲聚会之所。此外，张恨水的《啼笑因缘》，便完成于此；而鲁迅翻译《小约翰》的地点，亦在此处。

社稷坛北门外，自民国八年（1919）之后，还有一座格言亭。此亭最初的安置地是在中山公园的南门北侧不远处，亦此后的"公理战胜坊"之地。格言亭的建造，缘于朱启钤先生的提议。当时的想法是于北京城区之内建造 8 座格言亭。结果，完成建造的仅有两座：其一，在东单菜市场的前面；其二，则在中山公园之内。该格言亭呈八角形，完全仿效西洋风格营造，颇能体现朱启钤先生的建筑观念。格言亭上刻有孔子、孟子、岳飞、王阳明等人的语录，被一直保留至

中山公园格言亭

20 世纪 60 年代。

社稷坛东侧，民国二十五年（1936）便建造了公园剧场，1956 年整修了舞台、加盖了屋顶，从而构成 90°的扇形屋面，改称中山公园音乐堂。目前的中山公园音乐堂，乃是 1999 年改扩建之后的样子。

此外，位于中山公园东南部、天安门西北侧的一排朝房，在 20 世纪 30 年代曾被当作中国营造学社的旧址。作为国内第一个以研究中国古建筑为宗旨的学术机构，营造学社在国内建筑界的地位举足轻重。

中国营造学社成立于民国十九年（1930），创办人为北洋政府时期的著名政治家朱启钤。朱启钤曾担任代理国务总理，后因支持袁世凯称帝而饱受非议，由此退出政坛。随后，朱启钤专注于中国传统建筑的研究与保护，并最终投资创办了中国营造学社。中国营造学社发轫于中国建筑学者在民国十八年（1929）开始的关于《营造法式》的系列主题讲座，后来渐成气候，从松散的个人的学术讲座发展成有组织的学术团体。

营造学社内设法式、文献二组，分别由梁思成和刘敦桢主持，分头研究古建筑形制和史料，并开展了大规模的中国古建筑的田野调查工作。在民国二十一年至二十六年（1932—1937）的短短 5 年中，学社成员梁思成、林徽因、刘敦桢、单士元、邵力工、莫宗江、陈明达、刘致平对国内古建筑进行了大量的勘探和调查，收集到了大量珍贵数据，其中很多数据至今仍然有着极高的学术价值。这些古代建筑包括蓟县辽代独乐寺山门与观音阁、宝坻县广济寺辽代三大士殿、北平辽代天宁寺塔、正定宋代隆兴寺摩尼殿、正定四塔、赵县隋代石桥、太原宋代晋祠、应县辽代木塔、五台县唐代佛光寺东大殿、榆次县永寿寺雨花宫、杭州宋代六和塔等。

对于民国时期北平文物的研究与保护，营造学社功不可没。民国二十年（1931），学社设计维修故宫南面角楼的方案。民国二十一年（1932），梁思成、刘敦桢、蔡方荫受故宫博物院委托，拟订文渊阁楼面修理计划，并按计划进行修葺。梁思成还为内城仅存的东南角楼拟订修葺计划。此后不久，梁思成为故宫博物院南薰殿拟订维修计划。也就是这一年，在北平市政府主持下，与各文化机关共同组成圆明园遗址保管委员会，共同议决保管章程十四条，交工务局执行。

民国二十二年（1933），北平市工务局修理鼓楼平座及上层西南角梁，邀学社协助设计，由刘敦桢、邵力工前往查勘，并绘简图说明书，送工务局。民国二十三年（1934），北平市文物管理实施事务处函聘学社为该处技术顾问。同年，学社为故宫博物院拟订修理景山周赏亭、观妙亭、万春亭、辑芳亭、富览亭（由东至西）五亭计划。由邵力工、麦俨增勘察实物，绘制图表，梁思成、刘敦桢二人拟就修葺计划大纲，项目于民国二十四年（1935）竣工。

民国二十五年（1936）2月，北平万国美术会陈列室举行中国建筑展览会，陈列自汉以来历代建筑图片200幅。当年，学社应蒙藏委员会邀请，参加北平护国寺修理工程。

紫禁城

中轴线核心位置拥有着世间规模最大的宫殿建筑群

紫禁城的历史

中轴线上的紫禁城建筑与中轴线上的故宫博物院，虽然主体部分并无差别，但涉及的范围毕竟有所不同。以前在旅游行业有个不成文的说法："如果参观故宫的时间不够，那么你就带游客走中轴线。"这故宫的中轴线，大致是从午门出发，经太和门、太和殿、中和殿、保和殿、乾清门、乾清宫、交泰殿、坤宁宫、坤宁门、御花园，最后出神武门。一趟下来，将近一个半小时，犹如急行军一般地参观。若是对游览的要求不高，这样的方式倒也十分管用，既节省了时间，又能把紫禁城看个大概。现在，我们就以中轴线上的紫禁城建筑与中轴线上的故宫博物院两条脉络，来对此处建筑群进行梳理。

自明永乐十八年（1420）起，至清宣统三年（1911）止，在这将近 500 年的时间里，紫禁城一直作为北京的政治中心，乃至全中国的政治中心。近 500 年的紫禁城史，可以具体划分为两部分。其中，还有"闯王"李自成的一日登基。以李自成的大顺王朝为界，前一段（有明一代）为 220 多年（1420—1644），其中历经 14 朝，分别为永乐、洪熙、宣德、正统（天顺）、景泰、弘治、成化、正德、嘉靖、隆庆、万历、泰昌、天启、崇祯；后一段（有清一代）则为 267 年（1644—1911），其中历经了 10 朝，分别为顺治、康熙、雍正、乾隆、嘉庆、道光、咸丰、同治、光绪、宣统。明代的 14 位皇帝，乃是十一代人；而清代的 10 位皇帝，则是九代人。

根据学者研究，紫禁城内的每位主人平均在位 21 年。其中，最长者乃是康熙帝，其在位 61 年（1662—1722）；仅次于他的，是康熙帝之孙乾隆帝，其在位 60 年（1736—1795）。若以实际统治的年份来算，乾隆帝执政至嘉庆四年（1799），其"在位"时间长达 64 年。于紫禁城内生活的帝王之中，就数乾隆帝的寿数最大，其去世时年已 89 岁（虚龄）。由此可见，乾隆帝实乃居住在紫禁城中时间最长的皇帝。此外，于明、清两代在位时间较长的帝王还有明嘉靖帝（在位 45 年，1522—1566）、明万历帝（在位 48 年，1572—1620）、清道光帝（在位 30 年，1821—1850）。

身居九五之尊者，有长必有短。在紫禁城内执政最短者，乃是登基一个月便暴毙的泰昌帝，这是晚明三大案之"红丸案"所导致的结果。除此以外，永乐帝的皇位继承人洪熙帝仅在位 1 年，亦可算是在位甚短者。若要论及明、清两代的诸位皇帝，其在位时间较短者还有明景泰帝（在位 8 年，1450—1457）、明隆庆帝（在位 6 年，1567—1572）、明天启帝（在位 7 年，1621—1627）、清宣统

《明宫城图》中的紫禁城

帝（在位 3 年，1909 — 1911 ）。

　　把紫禁城当作自己最终归宿的君王，明代多于清代。有明一代，除了永乐帝崩于而今内蒙古自治区多伦县域内的榆木川、正德帝崩于西苑豹房、崇祯帝自缢于万岁山以外，其他帝王均驾崩于紫禁城之中。而紫禁城的乾清宫，又是大部分明代君王驾鹤之地。及至清代，除了顺治帝（崩于紫禁城养心殿）、乾隆帝、同治帝、光绪帝外，其他帝君皆驾崩于宫外。其中，康熙帝（驾崩于畅春园）、雍正帝（驾崩于圆明园）、道光帝（驾崩于圆明园）以三山五园作为寿终地；而嘉庆帝、咸丰帝则病逝于承德避暑山庄。

　　明代北京的紫禁城，在一定程度上是南京明宫城的翻版。按照《天府广记》中的说法，就是"宏敞过之"。南京的明宫城，居于皇城的中心，北京宫城亦然；南京宫城设置午门、东华门、西华门和北安门四处城门，北京宫城亦然；南京宫城之中轴线布局，自午门之北，分别为奉天门、奉天殿、华盖殿、谨身殿，北京宫城亦然；南京宫城的后廷，依次乃乾清门、乾清宫、坤宁宫，北京宫城后廷亦然；南京宫城的外朝东路为文华殿建筑群落，西路则为武英殿建筑群落，北京宫城外朝亦然；南京宫城的后廷东侧为东六宫，西侧为西六宫，北京宫城亦然。这种"亦步亦趋"的效仿，已经达到了近乎照搬的地步。但是，北京宫城与南京宫城有所不同的是，永乐帝更加财大气粗，所以把北京宫城修筑得更加宏伟壮观。

　　其实，作为紫禁城的缔造者，也就是紫禁城的第一代主人永乐帝，在情感上还是对紫禁城有些抵触的。就在紫禁城完工后未久，一场突如其来的大火将前三殿悉数焚毁。此时，距离永乐帝住进宫城不足半年。火灾过后，大明君臣在检讨起火原因时，皆将矛头对准永乐帝的"好大喜功"。这或许成了永乐帝一直不太喜欢紫禁城的理由。直到永乐二十二年（1424）皇帝驾崩，被火烧过的殿宇皆未得到重建。

及至洪熙、宣德帝在位时（1425—1435），由于统治者厉行节俭，紫禁城的过火区域便长时间未得到修建。待到正统帝继位（1436），基于"仁宣之治"所带来的物质积累，使得小皇帝希望将大明王朝的核心空间再行打造。当然，若不是"土木堡之变"所造成的尴尬局面，紫禁城的恢复与增建工作，或许能够达到一个更高的水平。自天顺朝以后，"弘治中兴"并未惠及紫禁城，正德帝也不来眷顾宫城。直至嘉靖朝，一心完善规制的帝王才将关注的目光重新投射在紫禁城身上。从那次改扩建起，一直到明亡清兴之际，紫禁城便再未改变过面貌。

李自成于紫禁城内的行止，可以算作故宫历史演进的一个重要节点。崇祯十七年（1644），攻破北京城未久的李自成，在与吴三桂大军最后一搏前，于紫禁城奉天殿内仓促登基。在此前后，他皆选择在紫禁城西南侧的武英殿处理政务。登基次日，李自成率军离开了北京。离开前，他的军队放火焚烧了紫禁城。那么，李自成大军究竟焚毁了紫禁城的哪些殿宇院落，而今已不能说清了。可谓"除了武英殿外，紫禁城几乎荡然无存"。然而，还有一种说法是除了武英殿、建极殿、英华殿、南薰殿、皇极门与四周角楼外，其余建筑均被毁。时值 21 世纪，专家学者们根据紫禁城各处建筑物用料、油彩的年代，反向推断李自成时期那场大火的过火面积。据考察，紫禁城内有多处嫔妃宫室仍保留明代的材料与油彩。而外朝保和殿、

晚霞下的故宫角楼

中和殿的梁架则多保留清代已不使用的楠木，梁架结构亦为明代特色。由此可见，李自成那把大火所造成的后果，至少是被高估了的。

清军入关后，财力尚显不足的顺治帝并无全面修复紫禁城的打算。于是，紫禁城便进入了宫城建设相对停滞的时期，历时30余载。康熙朝，紫禁城的全面复建工作得以展开。康熙三十四年（1695），李自成大火的"后遗症"终被"治愈"。乾隆盛世时期，紫禁城更是经历了大规模的改扩建，从而达到了历史上的巅峰。而今故宫博物院的最终风貌，亦是在那时奠定。

乾隆朝过后，紫禁城开始步入衰落时期。嘉庆、道光、咸丰、同治、光绪与宣统诸朝，紫禁城不再有大规模建设，一些院落被闲置，任其衰朽。这种局面，一直持续到民国十三年（1924）溥仪被冯玉祥的国民军驱逐出紫禁城为止。此前，紫禁城还曾遭遇了历史上第一次"空袭"。那是民国六年（1917），为击败拥立溥仪复辟的张勋，段祺瑞的讨伐军居然往延禧宫空投了三枚小炸弹。

溥仪出宫后，国民政府随即成立了"清室善后委员会"，并于民国十四年（1925）10月将紫禁城对公众全面开放。此时，游人可以自南往北参观由三个部分组成的"大故宫"，即历史博物馆、古物陈列所、故宫博物院。

自天安门北行，在端门至午门间的区域是历史博物馆。端门是历史博物馆的正门，游人从天安门或东华门、西华门的马路进门。历史博物馆与北侧古物陈列所之间，由于距离太接近，所以在售卖门票时将两者连为一体。为了方便游人，中山公园还特意开辟了东北旁门。历史博物馆创建于民国元年（1912），原址位于国子监馆舍。民国七年（1918），在国民政府教育部的提议下，将午门城楼及两翼的亭楼皆开辟为陈列厅。而端门楼与午门两廊的房屋，则被辟为储藏间。历史博物馆于民国十五年（1926）正式开馆，民国十八年（1929）被划归中央研究院管理使用。

关于历史博物馆内的藏品，按照民国时期《北平旅行指南》中的列举，大致可分成26种，即金类（以东周康侯鼎为主）、石类（以河南信阳发掘的石器为重）、玉类（除却夏商周三代古玉，还有太平天国时期的玉玺等物）、刻有文字的甲骨、古代刻石（如北魏皇室的墓志）、砖瓦及画壁（定县开元寺塔之物）、陶器、瓷器、明器俑类、木器、衣冠、图像（如明代后期利玛窦进献的《坤舆万国全图》等）、画像（如元世祖忽必烈画像、明代利玛窦画像等）、碑帖（如泰山摩崖拓本）、唐代写经（出自敦煌等多地）、宋代刻本、清宫佛教印本、诏令题奏、印记关防、清代御用之物、科举试卷、武举用品、兵器、各种模型（如孔庙大成殿、午门城楼等）、照片及清代行刑的凌迟刀具、鬼头刀具等。

从中山公园东门步出，径直向东走，便是午门外广场。自午门一路向北，穿过太和门、太和殿、中和殿至保和殿，也可由太和门广场东转至文华殿区域，或西转至武英殿区域。这片并不算小的区域，便是民国时代的古物陈列所。此地所陈列的是清宫收藏之历代文物，并对外售票以供参观，其功能有点像后来的故宫博物院。说到这座古物陈列所，就不能不提朱启钤的一段往事。

民国初年，中国社会各方面皆存在着混乱现象。最具代表性的是民国二年至三年（1913—1914）发生的"倒卖热河避暑山庄前清古物案"。此事之起因，而今看来扑朔迷离。由此所导致的结果是北京、上海、天津等地的古玩市场，相继出现了来自热河行宫的各类文物。这件事虽然不了了之，但却引发了国人对清宫文物的关注，且热潮不减。时任国民政府内务总长的朱启钤，趁机呈请总统袁世凯，建议将热河、盛京宫室内的各种文物运至北京，并在紫禁城内筹办古物陈列所。袁世凯批准了这一建议，拿出美国退还的"庚子赔款"20万元作为经费。民国二年（1913），袁世凯下令派护军都统筹办监护进京，民国三年（1914）底完毕。清宫所收藏的这些文物被选出一部分精品，将武英殿开辟出来做展室及办公室。从那时起，"古物陈列所"的名字开始出现。京城民众亦把这里称作"三大殿"陈列所。

全民族抗战爆发前夕，武英殿作为陈列商周秦汉时代青铜器、汉代旧玉瓶、晋唐时代古琴、后周柴窑花插、清代古月轩瓶碗、历代官窑瓷器、宋元明清书籍与名人写经、宋元明清时期雕漆象牙制品、清代珐琅等珍贵文物的场所。文华殿则收藏陈列着唐宋元明清历代名人书画册页卷轴、各种缂丝围屏、玉石挂屏、大小珐琅彩瓷等。民国二十一年（1932），由于东北变局，导致北平形势不稳，一批存放在文华殿的珍宝被南运，该殿亦随之关闭。时隔不久，一个叫福开森的美国人将其私人收藏的古物千余件，捐赠给金陵大学。该校由于无处安置诸宝，便托付给北平古物陈列所代为保管。该所负责人钱桐收到文物后，于空闲的文华殿内开设"福开森氏古物馆"，且进行分类陈列。民国二十四年（1935）起，此殿再次开放，其展品有铜器、陶器、魏碑、唐宋明清字画等500多件，皆甚精美。

按照《北平旅行指南》中所给出的参观线路，游览故宫博物院可分成4路：中路及内东路、中路及外西路、外东路、内西路。

在内东路区域内，有陈列宫中珍宝与历代名人书画作品的钟粹宫、陈列清宫收藏历代瓷器珍品的景阳宫、陈列瓷器的御书房、陈列清代钟表的永和宫、陈列清代瓷器的承乾宫、陈列商周秦汉青铜器的景仁宫、陈列玉器的斋宫、陈列剔红制品的坤宁宫东西暖阁、陈列香烛等物的昭仁殿东庑、改成图书陈列室的昭仁殿、被辟为如意陈列室的御茶房、作为雕刻陈列室的日精门。民国六年（1917）宣统复辟时被炸弹所毁的延禧宫，则增设了防火险库房。

就外西路而言，有陈列着佛经画像的慈宁宫、陈列着图书文物的英华殿。

在外东路的区域内，有开辟为舆图陈列室的宁寿宫、成为军机处文物陈列室的养性殿东配殿、作为切末陈列室的畅音阁、戏本戏服盔头陈列处的阅是楼、陈列内务府文物与清代钱币的乐寿堂、陈列铠甲刀剑的颐和轩、被辟为内阁大库文物陈列室的景福宫、作为图书第一陈列处的文渊阁。

内西路范围内，有陈列着乾隆帝玩赏摆件的咸福阁、成为木器陈列室的建福宫与惠风亭。甚为可惜的是民国十二年（1923）的一场大火，最终毁掉了西花园敬胜斋中的全部古物。不当回事的溥仪，在过火后的基址上，另行建造起一座紫禁城球场。在场东位置，有玻璃屋一座，其中除了棉鞋两双、球帽一顶之外，便别无他物了。据说，这些鞋帽是预备敬献给上仙，用来交换神前鞋帽的。如此说法，令人如坠云雾之中。

抗战胜利后，故宫博物院曾成为民众的商品交易市场。这体现在民国三十五年（1946）学者朱自清的一篇名为《回来杂记》的文章中："（故宫）东西真多，小市和地摊儿自然不在话下。逛故宫简直使人不想买东西。买来买去，买多买少，算得是什么玩意儿！北平真'有'，真'有'它的！"如此景象，一直持续到民国三十八年（1949）的北平和平解放。

中华人民共和国成立后，拥有着国内近1/6文物的故宫博物院，

故宫秋景

于 1961 年成为第一批全国重点文物保护单位。1987 年，故宫博物院被列入《世界遗产名录》，入选理由之一便是此乃"世界上现存规模最大的古代宫殿与木质建筑群"。

在成为中华人民共和国公民的溥仪眼里，故宫是被这样解读的："我临离开故宫时的那派陈旧、衰败的景象不见了。到处都油缮得焕然一新，连门帘、窗帘以及窗幔、褥垫、桌围都是新的。打听了之后才知道，这都是故宫的自设工厂仿照原样重新织造的。""故宫的玉器、瓷器、字画等等古文物，历经北洋政府和国民党政府，以及包括我在内的监守自盗，残剩下来的是很少了。但是，我在这里发现了不少解放后又经博物院买回来或是收藏家献出来的东西。"比如，"张择端的《清明上河图》，是经我和溥杰盗运出去的，现在又买回来了"。最后，按照溥仪的看法，"故宫也获得了新生"。

午门

紫禁城的城墙于南北西东四面各开设一门。南门乃紫禁城的正门，也就是午门；北门原名玄武门，后因避康熙帝名讳而改为神武门；西门为西华门，东门为东华门。午门是紫禁城最重要的宫门，皇帝出入时才会使用此门。若遇重大典仪之事，文武百官亦可出入午门，但这样的时刻并不多见。有时候，帝后往来西苑、三山五园等，也会出入西华门。也只有此时，后宫妃嫔、宫女等方可出入此门，否则是不允许的。这些后宫之人会经常出入于神武门。此外，为紫禁城服务的工匠与差役等，亦出入神武门。皇帝陪同皇太后出入宫禁，或皇后赴北海东北侧的先蚕坛行礼，也会使用神武门。如此一来，十分有趣的现象便出现了：皇帝出入紫禁城以午门为主，而后宫妃嫔们则须绕道神武门进宫，这便是礼制所需了。

东华门与西华门是宫城的东西两座大门。然而，这两座宫门偏偏不是开设于紫禁城的"赤道线"（横向中线）上，而是在此线偏南。究其原因，紫禁城的外朝与内廷部分所占的比例，并不是对称的。总的来说，外朝部分要小于内廷部分。若将东、西华门开设于宫城的横向中线，那么，两门就要正对着内廷部分。官员、差役若要进宫，尤其是去内阁、文华殿、文渊阁、军机处等机构办事，出入东华门最为方便。西华门则是留给内监司事人员行走的。

出入宫城究竟要走哪个门，并不是件简单小事，这关系到国家的政局稳定。比如，正德帝驾崩时，群臣皆拥戴其同族兄弟朱厚熜继位。但他从湖北安陆入京途中，得到礼部制定的"入东华门，居文华殿"方案。朱厚熜怒曰："遗诏以我嗣皇帝位，非皇子也。"原来，只有入继的皇太子，才入东华门。在朱厚熜的强硬要求下，大明门、奉天门、端门、午门最终为其开启。

围绕紫禁城的4座宫门外侧，并没有跨越护城河的桥梁，而是代之以砖石路。神武门、东华门与西华门的路面下各有涵洞连通筒子河之水，而午门前却没有涵洞。这至少说明，护城河并不相互连通。回过头来看，紫禁城是由宽52米、周长为3840米、水深5米的筒子河围绕，岸边有护河矮墙。

紫禁城午门，因其居中向阳，位当子午，因此被称作午门。午门的高度约为40米，正面开有"一门三道"，并置暗阙，乃"明三暗五"。除了正面的东西两门之外，在午门的东西两侧还另开辟东西掖门，从而形成了"一门五道"的格局。

午门5条门道，使用频率最高的不是中间门道。毕竟，那里是专供帝王行走的御道。应该行走哪个门道，是有着严格礼仪规定的。旁人能够接触御道者，只是大婚之时的皇后、金榜题名后需进宫面圣的进士。这倒也应和了古代社会的两大人生幸事："洞房花烛夜（只是皇后出嫁），金榜（参加科举考试的举子）题名时。"至于午门的东西门道及左右掖门，则是宗室王公、文武百官可以进出的通道。由于使用午门的整体频率不高，且用时皆为国家级典仪，彼时人数众多，因此，午门的4条门道才会派上用场。

作为目前国内规制最高、保存最为完好的宫城楼阙建筑，午门城台基本上保留了明代风貌，此乃一个倒"凹"字形的墩台。墩台两侧向前（南）突出，从而形成双阙。墩台正中位置建有城楼，面阔九间，进深五间，建筑面积约1500平方米。其九开五进，是甚为符合帝王"九五之尊"寓意的。相比较而言，东华门、西华门的城楼皆为面阔五间，进深三间；而神武门的城楼则是面阔五间，进深一间。当然，这4座城楼也有一致之处，它们都是重檐庑殿顶，皆覆以黄色琉璃瓦，且皆为清代重修之物。午门城楼东西各出明廊三间，墩台转角处皆建有重檐攒尖顶的方形亭子。此二亭，一座是钟亭，另一座是鼓亭。在向前突出的双阙南端，亦建有两座同样规制的亭子，被称作东西两观。午门城台上的这5座建筑，就如同飞鸟展翅一般，因此被坊间称为"五凤楼"或"雁翅楼"。

能够穿越大明门（大清门），并沿着千步廊一路走到奉天门（天

午门

安门），再经过端门，来到午门城下，这是明、清两代中下层官员根本无法想象的特殊待遇。能够享受此待遇者，除了一些番邦使臣，便是帝王的俘虏了。让俘虏们沿着大明门（大清门）往北的中轴线走上一遭，或许是希望他们对皇权威仪有所忌惮。及至午门，当朝皇帝于城楼上设置"御座"，居高临下地发落战俘。当然，为了表示"天朝上国"的仁德，朝廷一般会对俘虏采取宽免的政策。这些被赦免了的俘虏，将被举家安置在皇帝眼皮底下，即京师的范围之内。至今，一些如魏公村、苗子营、回子营（回回营）、达智营（鞑子营）之类的地名，还会出现在京城民众的现实生活中，或是继续流传于民间故事里。

"推出午门斩首"尽管不甚靠谱，但午门还是会处死人的。有明一代，在午门前曾经有着一种特殊的刑罚，名曰"廷杖"。这是一种对触犯龙颜的臣子采取极为严厉、没有标准的惩罚措施。用刑稍狠一点，人便毙命。这"廷杖"之刑，其实并不见于《大明律》。《大明律》的特点是"重其重罪，轻其轻罪"，但凡触碰皇权底线的人，无论官居几品，都有被杖责而死的可能。而执行这一任务的，则是设置于端门至午门间东西两侧的锦衣卫值房人员。如有大臣违逆皇帝旨意，随即会被锦衣卫逮捕，且于午门前严加拷打。留下一口气者，再下狱待死，或送还家中。但很多官员已经等不到那一时刻了，"廷杖"之下，焉有命在？这导致了 1/10 的官员丧命。比如，明正德十四年（1519），由于正德帝下诏南游，招致百官集体上疏谏阻。盛怒之下的正德帝，干脆将舒芬等 146 位大臣杖责于午门之外，结果 11 位大臣当场毙命。

太和门与太和门广场

进入午门后，首先能够见到的是太和门广场。这是一座位于太和门南侧的长约 130 米、宽度约 200 米的东西横长的大广场，中轴线上用巨石板铺墁甬道而成御道，左右磨砖对缝海墁砖地。尽管有内金水河与金水桥点缀其间，但广场过于庞大且空旷，这就令北侧的太和门拥有了足够威严。内金水河是以平缓的"凹"字形自中部位置横向穿越太和门广场的，在河上一字展开 5 座单孔拱券式汉白玉桥，被统称为"内金水桥"。这 5 座石桥的中间一座是皇帝专用的御道桥。左右4 座，则为百官行走之用。5 座桥梁的尽头皆指向太和门，而与紫禁城的外东路、外西路无涉。

太和门广场北侧的太和门，面阔九间、进深四间，高度为 23 米有余。太和门屋顶覆以黄色琉璃瓦，此乃重檐歇山顶，梁枋施以和玺彩画，下部为汉白玉须弥座。整体建筑宏伟精致。太和门前矗立着一对明代铸造的铜狮，4 只明代的铜鼎。这对明代铜狮高约 4.4 米，是国内现存体量最大的铜狮。有专家推测，此两狮应为整体铸造而成。在铜狮的头顶，有一个个卷曲的螺旋毛发，被俗称"疙瘩烫"，此式样并非世间狮子的真实相貌，而是艺术加工之后以体现等级规制之物。

关于狮子头顶的这些"疙瘩烫"，虽然容易被观赏者忽视，但却是大有讲究的。无论在太和门前，还是其他的建筑物前，只要是紫禁城内的狮子，其头顶的"疙瘩烫"就该有 45 个，以此来体现"九五之尊"的威仪。此外，一品官员衙署正门前狮子的"疙瘩烫"应为13 个。自一品以下的官员衙署，每降一品级便会减少一个"疙瘩烫"。二品官员衙署为 12 个，三品为 11 个，四品为 10 个，五、六品皆为

太和门广场

9个，此乃"疙瘩烫"的最少数量。及至七品以下的官员衙署，门前是不允许放置狮子的，这也就无所谓几个"疙瘩烫"了。（从目前一些附庸风雅的仿古建筑门前摆放的石狮，或是用于其他目的的石狮来看，根本说不清规制为何，甚至摆放石狮的用途都讲不清楚。）

按照礼仪规制，太和门是明、清两代帝后于重大典礼时进出紫禁城之门，此门平时并不开启。日常朝会或进宫时，王公大臣只能从太和门两侧的东西角门出入。东侧角门为昭德门，亦称前左门；西侧角门则为贞度门，亦称前右门。此三门相连而成一组完整的建筑群落，与东西两侧的廊房一道，共同构成太和门广场。

其实，这太和门的名称，也不是长期不变的。自永乐朝以后的漫长岁月里，它先后被更名为大朝门、皇极门、奉天门等。在午门与太和门之间这片宏阔广场的东西庑廊，还分别有两座大门：东侧的一座名曰"左顺门"；西侧的一座则为"右顺门"。出左顺门东行，是文华殿建筑群；而出右顺门西行，为武英殿建筑群。

自明代中叶之后，紫禁城内所使用的方砖，大多取自山东临清。这便是坊间所说的临清砖了。之所以要采用这种方砖，在于临清地处黄河与京杭大运河的交汇之处，受到黄河与运河水流冲击的细澄泥质量极为上乘。用它来烧制的方砖坚实细密，搭建城垣磨砖对缝，并且不容易被腐蚀。这种高质量的方砖，只能用于皇宫、城墙、王府与敕建寺庙（或是敕赐寺庙）的建造，一般民众是无权使用的。

明代"爱岗敬业"的君主们，一般会在奉天门举行"常朝"或"御门听政"。这两个无甚差别的名词，被合称为"常朝御门"。根据明廷的规定，文武百官要在每日拂晓至奉天门参加早朝，向皇帝进行朝拜且奏报政事，皇帝于此理政。这项制度，最初于洪武朝的南京紫禁城奉天门前进行，名曰"常朝御门仪"。永乐帝迁都北京后，该项制度得以完善。根据《明会典》中的说法：在早朝初次击鼓时，文武群臣应聚集在午门左右掖门处排队等候。当敲钟之声响起，文武百官分别进入左右掖门，并经过内金水桥，在奉天门前丹陛之下面朝内侧东西并立。当皇帝到来后，升座鸣鞭。于鸿胪寺官员赞礼声中，官员入班，面北朝天子跪拜，行三叩之礼。礼毕，群臣起身，照原样站立，随后各衙署依次奏事。待一切奏报处理完毕，皇帝回宫，百官再按照次序退出。由于明代君主专制日益强化，以致朝礼规则也愈加严格起来。朝班之际，若有相互言语喧哗、咳嗽吐痰、退班时与御轿并行者，皆属于失仪。等待这些失仪者的，将是不同程度的惩罚。关于"常朝御门"之事，对于明代后期的官员而言，简直如同"洪荒往事""大禹治水"一般久远。据前辈臣僚们的说法，在永乐、洪熙、宣德、正统、景泰诸朝，似乎还经常举行"常朝御门"。自天顺朝以降，"君王从此不早朝"几乎成了惯例。据史料记载，成化帝在位的 23 年中，仅成化七年（1471）召见过大学士一次，且几句话说完便退了朝；弘治帝在位的 18 年中，仅于弘治十年（1497）召见过大学士一次，并赐茶一杯。正德皇帝在位的 16 年里，则根本未曾召见过任何大臣。及至后期，万历帝居然创造了 24 年不临朝的纪录，这是载入史册的教科书般"典型怠政"了。

太和殿

步入太和门再往北行，眼前呈现一处更为宽阔的广场。这里乃是太和殿广场，一片长宽各达 200 多米的巨大空间。在广场的中心位置，矗立着紫禁城的绝对核心——太和殿、中和殿、保和殿。这 3 座大殿坐落在汉白玉须弥座大台基上，台基三层重叠，被称作"三台"。据工程技术专家的考察，此乃紫禁城地基最厚的区域，三层夯土共厚达 16 米以上。此三台与南侧的月台组成的整个平面，大致呈倒"土"字形。每层皆有千余个雕刻精美的汉白玉透雕栏杆、云龙翔凤望柱与排水龙头。

对于中国古代建筑而言，台基的规制是与等级规制密切关联的。台基的级数越多，意味着等级越高；有围栏者的等级要高于无围栏者；汉白玉材质要高于其他材质。最高等级的台基，是多层汉白玉须

弥座叠加，配以汉白玉围栏，这一般用于皇家殿堂、敕建寺庙的正殿
（大雄宝殿）。依照《大清会典》中的规定：公侯爵位以下三品之上的
官员宅邸，其建造的台基准许高为二尺；四品以下的官员至普通民众，
台基准许高为一尺。太和殿广场中的三座大殿，皆是建筑在高约数十
米、三层汉白玉须弥座、配汉白玉围栏且雕刻龙凤图案的高台上。

　　三大殿建筑群占地面积达到 8.5 万平方米，约占紫禁城总面积的
12%，这是紫禁城内规模最为庞大的一组建筑群。若再加上太和门广
场的约 3.6 万平方米占地面积，外朝中轴线部分的总面积超过 12 万平
方米，大致为紫禁城总面积的 1/6。

　　登上台阶，明、清两代的"朝仪中枢"太和殿便呈现于眼前。太
和殿即坊间俗称的金銮宝殿（唐代宫廷中确出现过此名，其位置就在
大明宫之内）。该殿乃黄色琉璃瓦重檐庑殿顶，饰以金龙和玺彩画，
面阔十一间（明代面阔九间，清康熙朝重建大殿时，出于财力及所需
巨木缺乏等方面的考虑，将九间增加为十一间，同时相应缩小了间
距），进深为五间，此乃明、清两代等级最高的殿宇形制。太和殿的
整体建筑，长约 64 米，宽约为 37 米，高约为 27 米，加台基通高 35
米，总体建筑面积约 2400 平方米，为国内现存体量最大的单体木结
构建筑（超过同属"国内三大单体木结构建筑"的山东曲阜孔庙大成
殿、泰安岱庙天贶殿）。然而，这座体形硕大的太和殿，只不过是康
熙三十四年（1695）重建时被缩小了的版本。据专家考证，康熙朝重
建的太和殿建筑高度仅为永乐朝初建时的一半左右。如今的三大殿
与三座高台的建筑比例有些失调，在行家眼中有些"台大殿小"了。
（若要找寻一个"台大殿小"的明显例证，可以参看南京明孝陵的祾

恩殿，或北京的普度寺大殿。）

太和殿的重檐庑殿顶正脊两端，安放着两个高 3.4 米、重约 4.3 吨的巨大龙吻，这是国内现存最大的龙吻，为紫禁城的制高点。在太和殿 4 条角脊的镇瓦尖端，有骑凤仙人雕塑装饰于上。在此仙人身后，跟随着 10 种屋脊兽的造型，分别为龙、凤、狮子、天马、海马、狎鱼、狻猊、獬豸、斗牛、行什。这 10 种造型若能全部用上，说明建筑必定是按照最高等级规制来建造的。在紫禁城内，能用齐这 10 种造型者，唯有太和殿。至于保和殿与天安门城楼，只能用 9 种造型（去掉行什）；而中和殿只能用 7 种造型（去掉獬豸、斗牛与行什）。

太和殿所能体现的是中国古代建筑的最高等级与规制。这点体现在太和殿建筑的每个细节上。拿铺地的金砖来说，便很能说明问题。所谓的金砖，乃是有一定等级规制的方砖。由于各种建筑的规制不同，这些方砖的尺寸亦不尽相同。大体上，方砖有尺二、尺四、尺七、二尺、二尺二等多种规格。尺二砖多用于体量较小的房屋地面；尺四砖则用于普通规制的殿堂；尺七砖以上则使用在重要一些的宫殿建筑中。其尺寸越大，说明等级规制越高。因此，超过尺七的方砖，因其规格大、做工精细，而被坊间称为"金砖"。如今看来，有资格铺设金砖的紫禁城建筑为：太和殿、中和殿、保和殿、太和门、乾清宫、养心殿、宁寿宫、奉先殿、太极殿、长春宫等。

太和殿与其他宫殿内使用的铺地方砖，最初来自苏州，因此被称为"苏州砖"。这类方砖质地细腻、耐磨、不易断裂、易于雕刻。明代中叶之后，京郊地区也开始烧制方砖。这些方砖由民间造窑烧制，经官府查验合格后，一并收购且征收税金。此种"买办收购"的方

太和殿

式，或许体现了16—17世纪资本主义萌芽发展的某些特点。于京郊大地烧制方砖最佳之处是而今位于通州的张家湾。张家湾处在北运河与通惠河的交汇地带，受河水的反复冲刷，这里的土质甚好，基本不用再行淘洗。这些方砖的存储之地在鼓楼大街以东的方砖厂。而今，方砖厂虽然无存，但方砖厂胡同的地名却留了下来。

选取营造紫禁城的砖石不易，而更为不易的是选取营造木料。早在永乐四年（1406），永乐帝便下旨，要求京内外的若干位重要官员，赶赴四川、湖南、湖北、江西、浙江、福建与山西等地，负责筹备木材事宜。在采木的过程中，有两处木材来源地突发变故，导致采木活动暂停。其一，是永乐五年（1407）发生旱灾的山西；其二，则为永乐七年（1409）出现了伐木工人暴动的湖南。两地的木材采伐虽然停下来，但并不意味着木材的备料工作也一并停止。就在湖南暴动的两年之后，永乐九年（1411），自京师至通州一段的通惠河河道得以疏通，这为木材北运创造了更为便利的条件。照理来说，巨木入京，非四五年不可。南方巨木自山区顺长江东运，至扬州后再转向运河。到达运河之后，运输巨木大凡有两条线路：一是走海路抵达塘沽，但饱受风大浪急之苦；二是继续由运河运至通州张家湾，可又不免水浅沙多以致搁浅的麻烦。如果巨木能被完好地运送至京师，会被集中在朝阳门外的大木厂，或崇文门外的神木厂内存放。

在太和殿内，中间位置设有御座。根据故宫研究专家朱家溍的推测，这把御座"很可能是明嘉靖时重建皇极殿后的遗物"。清康熙朝重修太和殿，将这把御座修理后继续使用。待民国四年（1915）袁世凯准备称帝时，把御座改换为中西结合、不伦不类的大椅。民国三十六年（1947）故宫博物院曾准备换回昔日御座，然不知御座的下落。1959年，朱家溍根据光绪二十六年（1900）的一张太和殿照片，从库房内寻找到已然残破的御座。1963—1964年，故宫博物院依照康熙朝仿制的一把御座（存于宁寿宫内），重新修复太和殿的御座。

每逢新皇帝登基，以及每年正旦（农历的正月初一）、冬至、万寿圣节（皇帝生日）等三大节日，皇帝必在太和殿升座，接受百官朝贺。除此之外，每逢颁布诏书、授命将领出师、公布进士黄榜等重要典仪，皆在太和殿内进行。这些事情，需要皇帝事必躬亲。根据统计，明、清两代共有 23 位皇帝在太和殿登基、举行大婚仪式并册立皇后。

作为外朝头道大殿的太和殿，在紫禁城的建筑群落中，始终占据着核心的位置。这座气势恢宏的殿堂，于康熙朝达到等级规制的巅峰。这毕竟是国内现存规模最大的木结构单体建筑。自明永乐十八年（1420）初建，至清乾隆三十年（1765）重新建造，其间，虽屡次被毁，但大体样式始终没有发生过改变。初建时的太和殿，面阔九间，进深五间，寓意着君王的"九五之尊"地位。到了康熙八年（1669），太和殿居然被扩展至十一间。这显然是在有意识地抬升专制皇权，甚至超越了几千年来的"周礼"规制。多年之后，乾隆帝在接见英国使臣马嘎尔尼时，所表现出来的"天下共主"气势，实乃古今中外的诸多帝王难以企及的，甚至可以与马其顿亚历山大大帝、古罗马帝国恺撒大帝、蒙古汗国成吉思汗等人相比肩。

在"康乾盛世"前期，也就是康熙帝一展帝王风采之时，太和殿竟然不复存在。此事还要归咎于康熙十八年（1679）的一场大火。由于保和殿西庑御膳房起火，在风势的推动下，太和殿与中右门间的斜廊随之燃起，最终殃及太和殿，并化为一片焦土。此事发生后，康熙帝以天灾之由诏令大赦天下。而重建太和殿的工程却被一推再推，举步维艰。据文献记载，重建太和殿的筹备工作，从康熙二十一年（1682），一路延续至康熙二十七年（1688）。当运达京师的临清城砖、苏州金砖、京西琉璃瓦、京西南大石窝青白石料等一并备齐，重建工程仍未启动。究其原因似乎有些复杂：康熙二十六年（1687），孝庄文皇太后崩逝，不宜动土；康熙二十八年（1689），康熙帝第二次南巡，检查河工。行至半路突遇皇后离世的噩耗，再次不宜动土。与此同时，《中俄尼布楚条约》签订，清廷的边疆之事过繁；康熙二十九年（1690），康熙帝亲征漠西蒙古准噶尔部，以期平定噶尔丹所挑起的叛乱。待返回京师未久，康熙帝又要亲自拜谒昭陵，以行孝庄文皇太后"三年致祭礼"；康熙三十四年（1695），由于喀尔喀蒙古部内附，康熙帝亲赴多伦主持会盟活动。一连七八年的时间，都未曾顾及太和殿的重建事宜。康熙三十四年，太和殿搭架始；康熙三十六年（1697），太和殿工程毕。由于考虑防火等问题，太和殿两侧的斜廊被改造成砖墙，且将太和殿两山明廊进行封闭后改建为夹室。太和殿两侧的昔日风景，终被"千年大计，安全第一"的想法所代替。

许多年之后，在太和殿内举行的最后一场大型典礼，发生在民国三十四年（1945）。此时，抗战胜利后的受降仪式在太和殿内进行。据说，当日有十万多人涌入太和殿、太和殿广场、太和门广场、午门广场，为胜利而欢庆。

中和殿与保和殿

位于太和殿北侧、居于三座高台腰部的中和殿，四面开间各三间，四周出廊各一间。中和殿单檐四角攒尖顶，铜胎镏金宝顶，四面无墙而有隔扇。中和殿厅堂内设有皇帝宝座，乃明、清帝王参加重大典仪前用来休整的场所。与此同时，一些在重大典礼时不便向皇帝跪拜的官员，如锦衣卫、内务府、宦官等，皆在仪式开始前于此地跪拜。

居于中和殿北侧的是外朝三大殿中的保和殿。此殿面阔九间、进深五间，黄色琉璃瓦重檐歇山顶，自地平面至宫殿正脊高约 29.5 米。明代的保和殿，是皇帝于各项大典前的更衣之所，也是册立皇后、皇太子时接受百官朝贺之地。有清一代，每逢除夕、正月十五元宵佳节，皇帝都要在保和殿内赐宴，接待外藩、王公贵胄与一、二品的大臣；每逢年尾，宗人府、吏部便要在保和殿内填写宗室或世袭官职人员的黄册；十年一度的皇族族谱（玉牒）修编完成后，皇帝还要在保和殿内接受并亲自阅览。（清代玉牒分为皇帝嫡系、直系宗室与旁系觉罗三类编修，平时收藏在皇史宬中，此乃世界上现存最完整的皇族族谱与家谱。）乾隆朝后期，殿试活动也由太和殿迁至保和殿内进行。若从保和殿后侧下台基，在御道中间位置能见到一整块艾叶青石。这块重达 300 多吨的石材是营造紫禁城的所有石料中最大的。在此巨石上，雕刻有 9 条云龙等图案。

乾清门广场与乾清门

外朝三大殿以北，便是乾清门前小广场。广场的核心建筑是分割紫禁城内外朝的乾清门。

始建于永乐朝，而今保留着崇祯朝基本架构的乾清门，面阔五间，进深三间，高约 16 米，底部为高约 1.5 米的汉白玉石须弥座，黄色琉璃瓦单檐歇山屋顶，绘金龙和玺彩画。乾清门跟前台阶三出三

乾清门

阶，中间为云龙石雕御道，门两侧有一对镏金铜狮。乾清门正门为皇帝御用，明代皇帝大多居住于乾清宫内，所以此门开启会频繁一些。清代皇帝移居养心殿，乾清门便难得开启了，除非赶上重大典仪。此外，明代的外臣是不得随意进入乾清门内的，皇帝理政的地点亦不会安排在乾清门以北（内廷区域）。而清代的南书房、上书房、养心殿等皆是皇帝与外臣商议国事之地，所以王公大臣出入乾清门相对较多。

康熙帝在位时，在乾清门"常朝御门"，几乎成了雷打不动的惯例，就如吃饭、睡觉一般习以为常。按照康熙帝的说法：如果不每日御门理事，就会感觉心中不安。如果隔上三四天"御门听政"一次，便会让自己懈怠下去。这样一位勤勉的皇帝，在"御门听政"的过程中，及时有效地做出了平定三藩、收复台湾、抗击沙俄、征讨准噶尔部噶尔丹等一系列奠定中国疆域的重大决策。尽管乾清门是"御门听政"的首选之地，但随着时间的变化，听政地点也会有所调整。比如，乾清宫的东暖阁，西苑三海中的懋勤殿、瀛台、勤政殿，畅春园内的澹宁居，南苑东宫里的前殿，等等，都曾作为康熙帝的听政之处。"御门听政"一般都安排在清晨进行，这便是所谓的"早朝"了。具体说来，春夏时节的卯正时刻（大约早晨 6 点）、秋冬季节的辰初时刻（大约早晨 7 点），是康熙帝听政的时间。随着时间的推移，为了体恤大臣们的劳苦，皇帝决定延迟听政时间各半个时辰（春夏改成辰初，秋冬改为辰正）。若遇雨雪等恶劣天气，则干脆暂停听政之仪。只是该办的事，绝不能因此而松懈。

　　"御门听政"之时，乾清门的陈设简朴至极。届时的乾清门正中，会设置御榻一方。宝座跟前摆放一张黄案，背后则矗立一尊屏风。黄案前面铺着臣下跪拜时使用的毡垫。如此简单的摆设，并不意味着皇帝行事随便。相反，它是在提示跪拜于此的臣下，帝王威仪是至上的，敬畏皇权是至为重要的。康熙帝在位的最后 10 余年间，因其患病，亦因诸子夺嫡扰得其心智"迷乱"，以致皇帝整日"心神恍惚、身体虚惫"，若无侍者搀扶，便"举步维艰"。在这样的情形下，"御门听政"变得荒废起来。看在眼里的皇子胤禛，于继位之初，便再次强化了"御门听政"的制度，用以"重振纲纪"。

只可惜，乾清门被再次使用了 13 年后，它的使用者雍正帝溘然长逝。乾隆帝继位后，圆明园与避暑山庄便成了治国理政的主要地点，乾清门随之变得"门庭冷落车马稀"。

在乾清门外侧西路有一排房子，自雍正朝后被用作军机重地。雍正七年（1729），清廷用兵西北准噶尔部，由于内阁机构设置在太和门外，雍正帝唯恐议政之时会泄露军机，并认为一切按照既定流程过于缓慢，因而下旨：选择内阁中办事沉稳、老成谋国者入直隆宗门内，以设立军机房。入直者是以怡亲王允祥为首的显贵大臣，他们被秘密授予经办两路军的军需之事，以军报、运饷为重。按照雍正帝的要求，军机大事必须迅速、准确办理，不得有任何拖拉、延误。由专人负责专门之事，可以提高办事效率。于是，在各省督抚毫不知情的前提下，军机房竟然从容运作了两年之久。等到允祥离世一年多以后，军机房改称办理军机事务处，时隔未久又简称为军机处。该机构名称逐步规范的过程，象征着中国古代皇权专制达到顶峰。

乾清宫

乾清门内，有一组类似于外朝三大殿建筑群的内廷三大殿建筑群。此建筑群居于一座较为封闭的庭院之中，庭院南北长为 218 米，东西宽为 118 米，其规模仅为外朝三大殿所在院落的 1/4。内廷三大殿建造于一座高为 2.5 米的"工"字形台基上，其特点是前宽后窄。加之与乾清门相连通的甬道，从而呈现出狭长的倒"士"字形。

乾清宫是黄色琉璃瓦单檐庑殿顶，前后出檐廊，面阔九间，进深五间，建筑面积约为 1400 平方米。乾清宫中间三间为大殿，东、西两次间为东、西暖阁，后檐有用来供佛的二层"仙楼"。大殿前部台基左右分别陈设着铜龟、铜鹤、日晷、嘉量，以及镏金香炉四座。顺治帝于台基东西两侧各筑造一座三层石台，台上矗立着一座通体镏金的微缩版宫殿——东侧曰江山殿，西侧为社稷殿，此二者是紫禁城内最小的宫殿。这两座"殿堂"是供奉江山社稷之神的地方。君王出宫时，仿佛江山社稷尽在眼前，一种精神上的极大满足感油然而生。

顺治十三年（1656），乾清宫刚刚重建完成，顺治帝便迫不及待地从位育宫中搬了进去。但乾清宫的建设，或许有些急促了。居住不及两载，顺治帝便不得不再次迁回位育宫。康熙帝即位后，仍居住在位育宫。此时的位育宫，尚名曰"清宁宫"。康熙八年（1669），皇帝开始亲政。背后掌权的孝庄文太皇太后，下懿旨将乾清宫、交泰殿重新修葺。待乾清宫修复完成，康熙帝才正式入住。在乾清宫完工前夕，康熙帝还曾居住过武英殿。或许是乾清宫与康熙帝本人不太投缘，于此后的岁月里，乾清宫又被多次修缮。康熙十二年（1673）的那次修缮期间，皇帝居住在南海瀛台数日。此时的康熙帝，正心急如焚地关注着吴三桂挑起的"三藩之乱"。康熙十九年（1680），康熙帝又不得不再次离开乾清宫而改住瀛台。其时，距离"三藩之乱"的最终平定，还差一年的时间。康熙帝于乾清宫内居住的时间，也并不算太短，但他确实不太喜欢这座宫寝。因此，当北京西郊的畅春园建成并投入使用后，康熙帝便把自己有生之年的大部分时光，都交给了那片山水园林。康熙六十一年（1722），康熙帝病逝于畅春园。雍正帝继位后，干脆彻底搬出了乾清宫。

乾清宫前的江山社稷金殿

　　自雍正朝开始，乾清宫仅作为皇帝听政、召见官员与举行内廷典礼的场所。此外，皇帝驾崩后的停灵之地，也被安排于此。每年元旦、元宵节、端午节、中秋节、重阳节、冬至日、万寿圣节与皇族成员们的家宴，都会在乾清宫中举行内朝之礼。届时，皇帝会在殿中升座，接受皇后、贵妃、其他妃嫔与诸皇子的叩拜。当然，有些比较特殊，也很热闹的典仪，会在乾清宫内举行。康熙六十一年（1722），皇帝便邀请了1020位老人一同参加在乾清宫举办的千叟宴。乾隆五十年（1785），皇帝又邀请了3000位年过65岁的老人参加乾清宫的千叟宴。两次宴会，就如同一首"繁华落尽后归于平淡"的诗篇，此乃"康乾盛世"所能演奏的最华美乐章的序曲和终曲。

　　乾隆帝让位于嘉庆帝的次年（嘉庆二年，1797），乾清宫便被一把大火化为灰烬。嘉庆朝重建乾清宫时，居然找不到适合营造大殿的木料。无奈之下，清廷不得不将山东省一座宏伟但破败的寺庙拆除，取其木料以满足乾清宫建设之需。

　　乾清宫庭院的东庑是收藏君王冠带袍履的端凝殿。端凝殿南侧，则是上书房与圣人殿。在圣人殿内，供奉着孔子及其重要弟子的牌位。乾清宫庭院的西庑，为皇帝读书、研究学问的懋勤殿。懋勤殿南侧的房屋是内廷办事的批本处与内奏事处。庭院的南庑是康熙朝所设置的南书房。在东廊庑中，有日精门、龙光门、景和门、永祥门、基化门，以通达东六宫；于西廊庑中，则有月华门、凤彩门、隆福门、增瑞门、端则门，以通达西六宫。至于日精、月华两门，早在元宫大内中便已出现。但另有说法云：在明洪武帝朱元璋兴修凤阳皇都时，其宫城左右各有一山。左侧山名"日精"，右侧山名"月华"。永乐帝迁都北京后，由于紫禁城内无山。于是，开辟日精、月华两门附会之。到了清代，继承其名。

交泰殿与坤宁宫

说起明代内廷中轴线的核心殿宇，在永乐帝初建紫禁城时，也就只有乾清宫、坤宁宫二大殿而已。依照传统的说法，乃是"乾清、坤宁法象天地"，东西六宫，则合而为一象征着十二星辰。于是，自永乐朝至嘉靖朝长达 100 多年的时间里，乾清宫、坤宁宫，连同外朝三大殿，被称为"三殿两宫"。当然，作为北京紫禁城蓝本的南京明皇宫，并非没有在内廷两宫之间留下建筑空间。早在建文朝，于南京明皇宫的乾清宫与坤宁宫间，就建造过一座并不太大的省躬殿。这对"孝忠于太祖"而"不屑于建文"的永乐帝而言，确实没有仿效的必要。

交泰殿之名，于明代文献中的最早记载，大概是在隆庆朝。根据故宫研究专家单士元的推论，这座交泰殿并不一定出自隆庆时期，而是缘于嘉靖帝信仰的需要。由于嘉靖帝崇奉道教，在他大兴土木建造寺庙宫观之时，再花上一些财力与精力，并以"天地交泰"的道教思想作为指导，建造一座交泰殿亦非不可。当然，这交泰殿看上去确实逼仄得很。要知道，乾清、坤宁二宫的间距为 19 米。而交泰殿南距乾清宫的后檐，只有 14 米；北达坤宁宫的前檐，亦只有 11 米。在如此间距之间建造一座殿堂，肯定不会是紫禁城建造之初的想法。

顺治八年（1651）重建以后，交泰殿又经历了康熙八年（1669）、嘉庆二年（1797）的两次修缮。该殿的用途，主要是每年元旦、千秋

交泰殿与坤宁宫

节（皇后的生日）之际，皇后在这里接受皇贵妃、贵妃、妃嫔、公主、福晋、命妇，以及诸皇子的叩拜朝贺。每年二月开春，皇后要带着众人前往西苑东北侧的先蚕坛举行受蚕仪式。此前一天，皇后会在交泰殿内检查各种采桑工具。乾隆十一年（1746），弘历的 25 颗宝玺被存放于交泰殿内。这些宝玺皆由内阁掌握，并由宫殿内的监正具体管理。待使用宝玺之时，内阁要奏请皇帝允准，方可取出使用。在交泰殿内的宝座东侧，有乾隆朝制造的铜壶滴漏，殿内西侧有清宫造办处所制造的大自鸣钟。

出交泰殿往北，不消数步，便可进入坤宁宫。这座九开间的殿宇，为顺治十二年（1655）重建之物。在它的左右两侧，是康熙三十六年（1697）建成的东、西暖阁。明代的坤宁宫是皇后居所。到了清代，这里的主要功能是用来祭神，同时也作为帝后大婚的场所。此时的坤宁宫，仍如有皇后居住的年代一样，被称为"中宫"。坤宁宫西间，是按照满洲风俗祭神的地方。每天的朝祭与夕祭，会宰杀四头生猪。而每年春秋两季的竖旗大祭（将旗杆竖立在坤宁宫南侧），则要宰杀 39 头生猪。于大祭之日，皇帝、皇后、王公大臣等皆要出席，并于坤宁宫内分食祭肉，名曰"分福"。京城之"白煮肉"便由此发端。民间谚语"爷不是吃素的"，也以此作为渊源。东暖阁是皇帝大婚时的"洞房"，帝后会于大婚之后在此地住上两日。随后，皇帝移回养心殿，皇后则居于距离养心殿东侧不远的体顺堂内。

养心殿与东、西暖阁

位于西六宫南侧的养心殿，是雍正帝以降的数代清帝居住之所。而养心殿东、西暖阁，则是养心殿内浓墨重彩的一笔。其中，最令后辈人熟识的，或许是慈安太后与慈禧太后，于同治帝驾崩后，在此宣布册立醇亲王奕譞之子载湉为帝之事了。

养心殿明堂的匾额"中正仁和"，是由雍正帝所题。自雍正帝入住以来，一直到光绪帝实行戊戌变法为止，这里都是皇帝办公的主要场所。于有清一代，地方或京内的中下级官员，一般是见不着"真龙天子"的。若确实有需，这类官员都会请求高级官僚引荐，并由王公重臣带路，才能觐见君王。这便是清代的"引荐制度"。此时的皇帝，需具王者风范、衣冠楚楚地召见，一副公事公办的模样。帝王确实很累，但不如此，就不足以体现皇威。

养心殿的后侧，分别为东暖阁与西暖阁。东暖阁、西暖阁的名称在不同的时期，也曾发生变化。起初的东暖阁曾名为弘德殿，其后又改成昭仁殿；西暖阁最初的名称是肃雍殿，后来改称弘德殿。明代的皇帝，或居东暖阁中，或住西暖阁内。当然，对于一些行为荒唐的君主而言，未必会将这里当成"家"。如正德帝便深为厌恶宫中规矩，干脆在西华门内另行修筑宫室居住，名曰"豹房"。20多年后，继位的嘉靖帝遭遇到他一生中最为惊险的一次暗杀——10多名宫女差点将其勒死。心有余悸的嘉靖帝，不得不长期居住于西苑的万寿宫内，以便消除心理阴影。直到病危时，嘉靖帝才搬回乾清宫居住。此后，万历帝居住在乾清宫西暖阁，泰昌帝居住在东暖阁，天启帝又回到西暖阁，崇祯帝再次搬至东暖阁。崇祯帝的小女儿，随皇父居住于东暖阁中，待李自成进京前，被崇祯帝持剑砍死。清军入关后，清廷以小公主生前居住的殿阁（东暖阁也称昭仁殿）追谥其为昭仁公主。

养心殿西暖阁，原本也不大，却被分割成里外几间。其中的前室是皇帝批阅奏章、单独召见臣僚、圈定殿试前十名试卷（以定"状元""榜眼""探花"次序）等处理日常事务之地。室内高高在上的匾额是由雍正帝御笔亲书的"勤政亲贤"。此前，这里还曾挂过一块"为君难"的匾额，只是后来被更换了。匾下左右楹联为"唯以一人治天下，岂为天下奉一人"，也出自雍正帝手书。（这或许是《三国演义》里曹操的那句名言"宁可我负天下人，休教天下人负我"的修正。）世人见到最多的或许是乾隆帝的御笔，这在西暖阁内也有所体现。就在此间屋内，除殿额和楹联外，其他墨宝皆出自乾隆帝之手。但雍正帝的书法水平，却丝毫不逊于爱出风头的乾隆帝。

　　三希堂是乾隆帝为自己布置的一间私密小房。按说起来，掌管泱泱大国，拥有千余万平方千米的"地主君王"，是绝不缺地方住的。但乾隆帝留给自己的空间，却叫人难以启齿，仅有 4.8 平方米。倘论古代帝王身边的物件、摆设，凡是恢宏大气的，其大多是摆着让别人看的。看完了，自然而然地就会消弭"犯上"的念头。这样的东西，自然也与三希堂无缘。此外，小巧玲珑、精致细腻些的，才是留给皇帝自己把玩的。既然喜爱的是些小巧精致的东西，用来存放这些摆件的空间，也就不需要多大了。

　　三希堂的寓意，在于"士希贤，贤希圣，圣希天"。读书人好当，但能够通晓天地间大运道者，却是少之又少。由此可见，乾隆帝对中国传统文化的研究颇深。此外，乾隆帝还把自己收藏的三件重要书法作品，也一并放置于此。因为太过稀罕了，所以也可称之为"三希"，分别为东晋时期王羲之的《快雪时晴帖》、王献之的《中秋帖》和王珣的《伯远帖》。

　　如果说，养心殿西暖阁伴随着"雍乾盛世"，那么，朝堂对面的东暖阁则见证了清代的衰落与覆亡。曾在这里坐朝听政（无论听得懂朝政与否）的皇帝，总共有 3 位，即同治帝、光绪帝、宣统帝。替他们拿过主意的（甚至于乾纲独断过的）也是 3 位，即慈安皇太后、慈禧皇太后、隆裕皇太后。另外，曾辅佐过这连老带小 6 位"主子"的是 4 位亲王，即恭亲王奕䜣、醇亲王奕譞、庆亲王奕劻、小醇亲王载沣。而 4 位皇室贵胄，分别来自 3 个"铁帽子亲王"的府邸。尤其是醇亲王家族，居然还诞生过两位"真龙天子"，即光绪帝和宣统帝。如今东暖阁的布置，是依照隆裕皇太后"垂帘听政"时的原样设计的，作为清代皇帝"龙驭宾天"（去世）之地。据史料记载，顺治帝、乾隆帝、同治帝都死在了这间不大的东暖阁内。这3人中，又有两位年纪轻轻便死于天花出痘——23岁的顺治帝与19岁的同治帝。感染天花，在清末之前的中国社会简直算是灭顶之灾。能否出痘后不死，于一定时期内，居然会成为能否当上储君的重要条件。比如，曾大难不死的玄烨就是因为成功避痘，最终登基成为康熙帝。

也就在这间东暖阁里，宣统三年（1912）的早春，屋内、屋外显得刺骨寒冷。清代的最后一位皇帝溥仪，也就是宣统帝，在隆裕皇太后的怀抱中，于《逊位诏书》上加盖了"皇帝之玺"，最终完成了清王朝覆灭的手续。这份对后世产生深远影响的"诏书"是由晚清举人杨廷栋起草，晚清状元、大实业家张謇润色，内阁总理大臣袁世凯审阅，最终交由宣统帝用玺颁布的。

御花园

穿过了内廷三大殿后，由内廷中路的坤宁门北上，即步入紫禁城的御花园（明代称之为琼苑）。坤宁门之名，乃明嘉靖朝才由广运门更改而成。御花园（琼苑）自明永乐朝起，一直到清宣统朝为止，都是帝王的休闲娱乐之地。这里现存的建筑，大多是明代后期的作品。御花园实为紫禁城内规模最大的园林，然其东西长135米，南北进深89米。此处遍种奇花异草，风景甚佳。御花园北侧的石台上建有钦安殿一座，内供"真武大帝"。此造像大致为明嘉靖朝的产物。据说，明洪熙帝于登基一年后，正是在钦安殿祭天时，由于突发疾病不治而亡。在钦安殿以东的区域内，自南向北分布着万春亭、浮碧亭与堆秀亭；西侧区域矗立着千秋亭、澄瑞亭、对育轩与清望阁。位于御花园东北侧的太湖石堆秀山，莫看其仅高 10 米，但却是重阳节登高所在。堆秀山两侧设有石蟠龙喷泉，乃宫中唯一的水法。御花园（琼苑）的北门，原为坤宁门。嘉靖十四年（1535），此门的名称被御花园（琼苑）南门占用，这里随之被更名为顺贞门。走出此门，就是整个宫城的北门——玄武门（清康熙朝更名为神武门）了。

御花园千秋亭

文华殿建筑群

文华殿是一处南北狭长的长方形建筑群。该建筑群分成了南、北两处中等宫院。在这两处宫院内，还可以细分成数量不等、布局亦不一致的若干所小型院落。其中，挨着紫禁城南侧宫墙的一组小型庭院，就如同四合院的倒座南房一般，一律向北开门，这是一排五座单体建筑。最西侧的一座，是明代大学士封进官员奏本并草拟诏令的内阁所在地。这一机构的设置，源自洪武帝与永乐帝。在内阁院落北侧、斜对门的位置，是文华殿建筑群。在文华殿大门南侧，有三座汉白玉旱桥。入门后通过不长的甬道，便是文华殿的"工"字形主殿了，这里是翰林院诸学士讲经之地。在文华殿北侧，穿过一道小门，自西向东排列着省愆居、圣济殿。省愆居悬筑于木架之上，四面不落地，也不与别处的建筑相连，此乃明代帝王遭遇天灾时闭门思过的地方。圣济殿内供奉着三皇、扁鹊、华佗、张仲景、孙思邈等神话与现实中的历代名医，是皇家制药所在。

明末，李自成攻入紫禁城后，文华殿建筑基本被毁。清军入关后，朝廷于顺治九年（1652）准备重建文华殿。然资金的筹措与所用的蓝黄琉璃瓦烧造等问题，却一直是重建的"拦路虎"。据说，清初的紫禁城重建，始终是围绕着皇权礼制的恢复与加强来进行的。其中，文华殿的重建，又是其重要的组成部分。只是清廷财政捉襟见肘的局面，一直到了康熙朝中期才有所缓解。清康熙二十二年（1683）文华殿开始重建，其"一切规模殆依明制为之"。康熙二十五年（1686），文华殿修复完成。乾隆年间，又在圣济殿遗址上修建了文渊阁。

清代沿用明制设立大学士，秩正一品。清大学士系殿阁衔，本来

文华殿

有中和殿、保和殿、文华殿、武英殿、文渊阁、东阁，即"四殿二阁"。乾隆十三年（1748），省中和殿，增体仁阁，遂以"三殿三阁"为定制，唯保和殿不常置，终清之世，授保和殿大学士者唯傅恒、张廷玉等几人而已。自此，文华殿大学士逐渐取代中和殿、保和殿大学士，进而跃升为大学士序班之首。光绪朝，李鸿章为文华殿大学士，满洲贵族宝鋆为武英殿大学士，武英殿序班转居文华殿之上。作为汉臣之首的李鸿章，毕竟不是八旗出身，亦非京官。他的职衔再高，也不能超过满洲八旗贵胄。

依照清代的档案资料，在历任文华殿大学士的名单之中，总会出现一些影响着清王朝历史进程的重要人物，如伊桑阿（1688—1702，任职时间，以下均同）、张玉书（1690—1715）、张廷玉（1727—1728）、尹继善（1764—1771）、于敏中（1773—1779，《日下旧闻考》的主编者）、和珅（1786—1799）、穆彰阿（1838—1850）、赛尚阿（1851—1852）、桂良（1858—1862）、李鸿章（1864—1901）、荣禄（1901—1903）等。

明、清两代的文渊阁，其所在位置并不相同。清代文渊阁的修筑，肇因于乾隆帝下旨编撰《四库全书》。这套丛书项目的启动，始于乾隆三十八年（1773）设立的四库全书馆。其所在地点，是皇城外围的翰林院。这套丛书完成之际，已是乾隆四十六年（1781）。收藏《四库全书》之处，是重建于文华殿北侧的文渊阁。《四库全书》开始编撰之时，乾隆帝便已想着将来藏书的地点了。按照他的设想，这套丛书至少要缮写4份，所以应收藏于四处宫馆内，以备随时阅览。于是，便有了所谓"北四阁"的建设。自乾隆三十八年起，承德文津阁

文渊阁

与北京圆明园文源阁，首先得以建造。随之，紫禁城文渊阁也开工兴建。乾隆四十七年（1782），盛京文溯阁最终建成。北四阁皆以浙江宁波天一阁作为蓝本，只是"略有增减"。当文渊阁建成后，兴奋之余的乾隆帝为之亲笔题写了《文渊阁记》，并立碑于文渊阁以东。

今人对于文渊阁的关注，已不限于《四库全书》本身，还有那些被授予文渊阁大学士头衔的明、清两代官员。依据史料记载，文渊阁大学士中声名显赫者，分别为陈廷敬（1703—1710 在任，以下均同）、李光地（1705—1718）、张廷玉（1726—1727）、琦善（1838—1841）、倭仁（1862—1871，中体中用的代表）、荣禄（1898—1901）、王文韶（1901—1903）、崇礼（1903—1905）、孙家鼐（1905—1907，京师大学堂首任管理学务大臣）、世续（1907—1909）、那桐（1909—1911）。

武英殿建筑群

与文华殿隔太和门广场相望的武英殿，是紫禁城内的另一处重要建筑群。文华殿与武英殿在布局、殿宇规模等方面近乎一致，但两者又有所区别。其中之一便是内金水河的流向：在武英殿门前，内金水河朝建筑群东北侧流淌；在文华殿门前，内金水河则向建筑群的西北侧奔去，拐到文华殿北侧的文渊阁，再向东流走。自永乐朝起，武英殿便是帝王的斋戒之所（在某些时候，这里甚至取代了天坛、地坛斋宫的位置），皇后亦会在此接受命妇们的朝觐。更多时候，这里是留给御用文人使用的。明代帝王召集阁员中精通书画者集聚于此，而这时的武英殿更应被称作"文华殿"才对。及至明末，带着大顺军队入宫的李自成，将这里当作大顺王朝的办公之地，这才让武英殿遭遇到"武人之事"。万幸的是，在武英殿内治国理政的大顺皇帝，对此殿手下留情。在他撤离京师之际，并未火烧这里。

在武英殿北侧，另有一座仁智殿。由于做过明代帝王梓宫的停放之所，这里也被称为"白虎殿"。当然，皇帝棺椁最终还是要移到十三陵去。于是，在没有帝王停灵的日子里，此处被当作皇宫内的画院。

武英殿南侧斜对面的位置，偏西之处有五间小殿，与东、西配殿一起，组成了紫禁城内的南薰殿建筑群。此处是明代帝后的优游之所，也是内阁学士缮写帝后册宝之地。在南薰殿的南墙处，另有一道小城，与门外的逍遥城连为一线。这逍遥城，是明代汉王朱高煦造反失败后被囚禁之处。若谈及这位横死的朱高煦，此乃明初藩王中的一位"猛将"，深肖其父永乐帝。若不是需要"文治天下"，或许永乐帝会传位于他。"靖难之役"时，朱高煦确实立过赫赫战功。只是他

227

性格粗暴、骄傲任性，只懂得"马上得天下"，却不晓得"下马治天下"的深意。最终，帝位由其兄朱高炽继承，即洪熙帝。洪熙帝在位仅月余便不幸病故，其子朱瞻基继位，即宣德帝。宣德帝的上台，引起皇叔朱高煦的强烈不满。于是，朱高煦在封地乐安（而今山东广饶）起兵造反。宣德帝亲自率兵平叛，且将朱高煦囚禁于逍遥城内。某日，当宣德帝前来探望皇叔时，却被朱高煦猛然伸脚绊倒。失了颜面的宣德帝命人将铜缸扣在朱高煦身上。皇叔凭借力气大，竟然将铜缸顶起。亦惊亦怒的朱瞻基干脆命人点火烧铜缸，把朱高煦活活烧死在里面。

及至清代，作为紫禁城内难得的一处未被李自成大火毁掉的宫廷建筑群，武英殿自顺治初年起，便一直作为摄政王多尔衮的理政之地。康熙朝，清廷又在这里设立修书处，集聚一批文人学士于此编撰书籍。同时，清廷还设置了一个印刷御用图书的工厂。在工厂内，印刷工匠们用铜活字刻印了一部名为《古今图书集成》的大类书。这部书有10000卷之多，分成5200册。在英国开始工业革命前夕，于古老的中国宫廷里，能以铜活字印制如此一部大书，确实是印刷史上的一大壮举。及至乾隆朝，《四库全书》的编撰与印制工作，继续在武英殿内进行。此时的武英殿，聚拢着国内工艺水准最高的一批排版工人，收藏着国内质量最好的一批开花纸、连史纸，也聚集着国内文人中的精英。因此，武英殿所刊行的书籍，便成为国内编校、印刷水平最高的刻本，被当时及后世的人们称为"殿本书"。

武英殿南侧的南薰殿，在乾隆朝已然成为收藏历代帝后及功臣画像的场所。这些绘制精美的画像，一般被称作"南薰帝后名臣像"。

武英殿

嘉庆朝，大臣胡敬依照殿内所收藏画像的时间顺序，编撰出一部《南薰殿图像考》刊行面世。

　　位于武英殿建筑群北侧，是清代的内务府所在地。按照清代惯例，内务府旗人皆为皇帝"世仆"。一般来说，其涵盖了镶黄旗、正黄旗、正白旗等上三旗。皇帝与内务府成员之间的关系，既是君臣关系，也是主仆关系。更重要的是，内务府成员被皇帝视为"自己人""贴心人"。对于内务府成员来说，他们的官位品级并不算高，以四品、五品为主，但却受到了皇帝的充分信任，因而被派至全国各地担当盐政、织造、税务、河道、海关等要职与肥缺。比如，《红楼梦》作者曹雪芹的祖父曹寅、父亲曹頫等，便是极受宠信的内务府"汉人包衣"。清初，一些内务府官员，不仅在权势上超过了同级官员，而且能凌驾于非内务府出身的地方督抚高官之上。究其原因，在于其有权直接向皇帝上呈"密折"。某些督抚为了方便与君王沟通，也会走内务府官员的门路，并通过他们向皇帝传递个人奏折。

在武英殿西侧，还有一座后室平面呈方形，上覆穹顶的建筑，名为浴德堂。按照清史专家孟森的说法，浴德堂内有着紫禁城难得一见的类似土耳其浴室的场所，相传明代曾用作皇帝斋祓处。有人甚至认为，此处乃乾隆宠妃香妃的沐浴之地。关于香妃那些真真假假的遗迹，从紫禁城大内，经过西苑三海，一路延伸至"三山五园"。实际上，面阔两间的浴德堂，乃是清代修书之地，词臣校对图书于此。而所谓的"土耳其浴室"，或许是印刷制版装裱的场地。

东六宫

自明代开始，乾清门以北的内廷部分，以 8 米高的红墙围绕。内廷中靠近后三宫东西两侧的 12 座规整院落，是后宫妃嫔们居住的东西六宫。东西六宫占地 30 万平方米，由纵横交错的界限分隔。明初的东六宫，东侧一组自南向北依次为长寿宫、永安宫、长阳宫；西侧一组自南向北依次为长宁宫、永宁宫、咸阳宫。明初的西六宫，东侧一组自南向北为毓德宫、万安宫、寿昌宫；西侧一组自南向北为未央宫、长春宫、寿安宫。待到明嘉靖十四年（1535），嘉靖帝将生父朱祐杬（追封为兴献帝）降生之地未央宫更名为启祥宫，进而将东西六宫全部改名。从此，12座宫廷院落的名称最终确定。东六宫东侧一组，自南向北为延祺宫、永和宫、景阳宫；西侧一组，自南向北为景仁宫、承乾宫、钟粹宫。西六宫东侧一组，自南向北为永寿宫、翊坤宫、储秀宫；西侧一组，自南向北为启祥宫、永宁宫、咸福宫。此后，东六宫东侧南端的延祺宫更名为延禧宫，西六宫西侧中部永宁宫更名为长寿宫，西六宫西侧南端启祥宫更名为太极殿。

清雍正帝自乾清宫移居养心殿后，皇后亦从坤宁宫改居东、西六宫中的某一宫廷院落。对于东、西六宫的介绍，下面将以自东向西、由南往北的顺序进行介绍：

延禧宫创建于明永乐十八年（1420），初名长寿宫。嘉靖十四年改称延祺宫，清康熙二十五年（1686）重修，且名曰"延禧宫"。此宫建成后，长期为妃嫔所居。道光二十五年（1845）延禧宫起火，烧毁正殿、后殿及东西配殿等25座建筑，仅剩下宫门。宣统元年（1909）在端康太妃（即光绪帝瑾妃）提议下，于延禧宫原址上动工兴建一座三层西洋式水殿。只可惜，水殿尚未建成，清王朝便覆灭了。最终，紫禁城内留下了一座俗称"水晶宫"的西洋烂尾楼。民国六年（1917），张勋策划溥仪复辟之时，水晶宫北部遭到讨伐军的飞机轰炸。民国二十年（1931），故宫博物院在延禧宫遗址上修建了一座文物库房，为了能让库房与故宫其他建筑显得和谐，设计者在房顶上覆盖了一层黄色琉璃瓦。新中国成立后，延禧宫文物库房分别为中国古陶瓷研究中心与中国古书画研究中心使用。2010年，延禧宫对外开放。

永和宫建成于明永乐十八年（1420），初名永安宫，嘉靖十四年（1535）更今名。清康熙二十五年（1686）重修，乾隆三十年（1765）再度修缮，光绪十六年（1890）又进行重修。永和宫明代为妃嫔所居，清代则为后妃所居。清康熙帝德妃久居此宫。这位德妃，于康熙十七年（1678）生皇四子胤禛，康熙二十七年（1688）生皇十四子胤禵。康熙六十一年（1722），胤禛即皇帝位（雍正帝），德妃被尊为皇太后，拟上徽号曰仁寿皇太后。雍正元年（1723）仁寿皇太后崩逝于永和宫，享年64岁，随后祔葬于景陵。晚清时，永和宫为光绪帝大婚后瑾妃的居所。

景阳宫创建于明永乐十八年（1420），初名长阳宫。嘉靖十四年（1535）改称景阳宫，清康熙二十五

延禧宫水殿

年（1686）重修。此宫为二进院，正门南向，名景阳门，前院正殿即景阳宫，面阔三间，黄琉璃瓦庑殿顶，与东六宫中其他五宫的屋顶形式不同。檐角安放走兽5个，檐下施以斗拱，绘龙凤和玺彩画。明间开门，次间为玻璃窗。明间室内悬乾隆帝御题"柔嘉肃敬"匾。天花板为双鹤图案，内檐饰以旋子彩画，室内方砖墁地，殿前为月台。后院正殿名为御书房，面阔五间，明间开门，黄琉璃瓦歇山式顶。次、梢间为槛墙、槛窗，檐下施以斗拱，饰龙凤和玺彩画。

景阳宫为明代嫔妃所居，万历帝太子朱常洛（即后来的泰昌帝）的母亲皇贵妃王氏（被追封为孝靖皇后）居住在此长达30年，形如被打入冷宫。清康熙二十五年重修后，景阳宫改作收贮图书之所。清乾隆朝因藏宋高宗所书《毛诗》、马和之所绘《诗经图》卷于此，乾隆御题额曰"学诗堂"。景阳宫东、西各有配殿三间，明间开门，黄琉璃瓦硬山式顶，檐下饰以旋子彩画，西南角有井亭一座。东配殿叫静观斋，西配殿叫古鉴斋。

景仁宫于明永乐十八年建成，初名长安宫，嘉靖十四年更名为景仁宫。清顺治十二年（1655）重修，道光十五年（1835）、光绪十六年（1890）又得以修缮。

景仁宫明间前后檐开门，室内悬乾隆帝御题"赞德宫闱"匾。天花板图案为二龙戏珠，内檐为龙凤和玺彩画。室内方砖墁地，殿前有宽广月台。东、西有配殿各三间，明间开门，黄琉璃瓦硬山顶，檐下饰以旋子彩画。配殿南北各有耳房。

此宫后院正殿五间，明间开门，黄琉璃瓦硬山式顶，檐下施以斗拱，饰龙凤和玺彩画。两侧各建耳房。殿前有东、西配殿各三间，亦为明间开门，黄琉璃瓦硬山式顶，檐下饰旋子彩画。院西南角有井亭一座。

　　明代景仁宫为嫔妃居所，宣德帝首任皇后胡善祥被废后便居于此。清顺治朝，此地为佟妃居所。顺治十一年（1654）三月，康熙帝生于此宫。康熙四十二年（1703），和硕裕亲王福全去世，康熙帝为悼念其兄，再次于此宫暂居。随后，景仁宫一直作为后妃居所，光绪帝的宠妃珍妃亦在此宫居住过。

　　承乾宫建成于明永乐十八年（1420），初名永宁宫。崇祯五年（1632）更名为承乾宫。顺治十二年（1655）重修，道光十二年（1832）曾被加以修葺。

　　承乾宫为两进院，正门南向，名承乾门。前院正殿即承乾宫，面阔五间，黄琉璃瓦歇山式顶，檐角安放走兽五个，檐下施以单翘单昂五踩斗拱，内外檐饰龙凤和玺彩画。正间内悬乾隆帝御题"德成柔顺"匾。殿前为宽敞的月台。东、西有配殿各三间，明间开门，黄琉璃瓦硬山式顶，檐下饰旋子彩画。明崇祯七年（1634）安匾于东、西配殿，名为"贞顺斋""明德堂"。

　　承乾宫后院正殿五间，明间开门，黄琉璃瓦硬山顶，檐下施以斗拱，饰龙凤和玺彩画。两侧建有耳房。东、西有配殿各三间，均为明间开门，黄琉璃瓦硬山式顶，饰以旋子彩画。后院西南角有井亭一座。

　　作为明、清两代后宫妃嫔居住地的承乾宫，曾迎来后世最出名的主人，乃是被顺治帝一生钟爱的董鄂妃（1639—1660）。此人出身于满洲正白旗，为内大臣鄂硕之女，是中国古代最后一位有独立谥号的皇后。董鄂妃天资聪颖，精书法，好史书，性仁爱，识大体，深受顺治帝宠爱。她时常提醒顺治帝要认真批阅奏折，并细心照顾顺治帝的饮食起居，也不时为犯错之人求情。顺治十七年（1660），董鄂妃去世，其被追封为"孝献庄和至德宣仁温惠端敬皇后"，并葬于清孝陵，与顺治帝为伴。

钟粹宫建成于明永乐十八年（1420），初名咸阳宫，嘉靖十四年（1535）更名为钟粹宫。隆庆五年（1571）改钟粹宫前殿为兴龙殿，后殿为圣哲殿，以作为皇太子居所。此后，又复称钟粹宫。此宫于顺治十二年（1655）重修，道光十一年（1831）、同治十三年（1874）、光绪十六年（1890）、光绪二十三年（1897）多次整修。晚清时在宫门内添加了垂花门、游廊等附属建筑。

钟粹宫为二进院，正门南向，名钟粹门，前院正殿即钟粹宫，面阔五间，黄琉璃瓦歇山式顶，前出廊，檐脊安放走兽五个，檐下施以单翘单昂五踩斗拱，彩绘苏式彩画。室内原为彻上明造，后加天花顶棚，方砖墁地，明间内悬乾隆帝御题"淑慎温和"匾。殿前有东、西配殿各三间，前出廊，明间开门，黄琉璃瓦硬山式顶，檐下饰苏式彩画。

钟粹宫后院正殿五间，明间开门，黄琉璃瓦硬山式顶，檐下饰苏式彩画，两侧有耳房。东、西有配殿各三间，均为明间开门，黄琉璃瓦硬山式顶。院内西南角有井亭一座。

明代此宫为妃嫔居所，还一度作为皇太子宫寝。清代为后妃居所。清咸丰帝奕詝年幼时，恭亲王奕䜣生母、道光帝静贵妃便居于此宫，并代为抚育奕詝。咸丰帝的孝贞显皇后（后来的慈安太后）自入宫即在钟粹宫居住，直至光绪七年（1881）去世。光绪帝大婚后，隆裕皇后也曾在此居住。光绪三十四年（1908），储君溥仪入宫后，也曾在此居住。

西六宫

对于西六宫，故宫研究专家朱家溍曾经留下一段珍贵的回忆："当时的宫殿是溥仪出宫时现场的原状：寝宫里，桌上有咬过一口的苹果和掀着盖的饼干匣子；墙上挂的月份牌，仍然翻到屋主人走的那一天；床上的被褥、枕头也像随手抓乱还没整理的样子；条案两头陈设的瓷果盘里满满地堆着干皱的木瓜、佛手；瓶花和盆花仍摆在原处，都已枯萎；廊檐上，层层叠叠的花盆里都是垂着头的干菊花。许多屋宇都只能隔着玻璃往里看。"在这段回忆的结尾之处，朱家溍特意交代"以上是我对于当时叫作内西路的参观印象"。

永寿宫建成于明永乐十八年（1420），初名长乐宫，嘉靖十四年（1535）更名为毓德宫，万历四十四年（1616）再度更名为永寿宫。

永寿宫为两进院，前院正殿永寿宫面阔五间，黄琉璃瓦歇山顶。殿内高悬乾隆皇帝御笔匾额"令仪淑德"，东壁悬乾隆帝《圣制班姬辞辇赞》，西壁悬《班姬辞辇图》。乾隆六年（1741），乾隆皇帝下令，将内廷东西十一宫的匾额"俱照永寿宫式样制造"。从此以后，匾额不得擅动或更换。永寿宫后院正殿五间，东西有耳房，殿前东、西亦有配殿各三间。院落东南有井亭一座。

永寿宫为明、清两代后宫妃嫔的居所。弘治帝的生母纪妃（死后被追封为孝穆纪太后）曾在此短暂居住，后突然暴死，成为明宫著名疑案。随后，因乾清宫失火，万历帝曾暂居此宫，且于万历十八年（1590），在此破天荒地召见了大学士申时行等人。崇祯十一年（1638），因国内灾情异象屡屡出现，崇祯帝在此宫斋居。清雍正十三年（1735），雍正帝驾崩，崇庆皇太后曾居永寿宫，继位的乾隆帝则居乾清宫南廊苫次，且每日来永寿宫问安。

另外，由于距离慈宁宫、养心殿最近，永寿宫还屡次被作为筵宴场所。

翊坤宫建成于明永乐十八年（1420），始称万安宫。明嘉靖十四年（1535）改称翊坤宫。清代曾对翊坤宫进行过多次修缮。翊坤宫原为二进院，光绪十年（1884）为庆贺慈禧太后五十寿辰，特将此宫后院墙拆除；后殿改为穿堂殿，挂"体和殿"牌匾。至此，翊坤宫与储秀宫被打通，从而形成四进院的格局。

翊坤宫与储秀宫被打通后，若关上殿门，南、北便不能通行，两宫依然可以成为独自院落。

翊坤宫正殿面阔五间，黄琉璃瓦歇山顶，前后出廊。檐下施斗拱，梁枋饰以苏式彩画。明间正中设地平宝座、屏风、香几、宫扇，上悬慈禧御笔"有容德大"匾。东侧用花梨木透雕喜鹊登梅落地罩，西侧用花梨木透雕藤萝松缠枝落地罩，将正间与东、西次间隔开。殿前设"光明盛昌"屏门，台基下陈设铜凤、铜鹤、铜炉各一对。宣统帝退位后，曾在正殿前廊下安设秋千，现秋千已拆，秋千架尚在。东西有配殿曰延洪殿、元和殿，均为三间黄琉璃瓦硬山顶建筑。后殿是体和殿，面阔五间，前后开门，后檐出廊，黄琉璃瓦硬山顶，亦有东、西配殿，前东南有井亭一座。

曾经居住在翊坤宫的后妃中，为后世津津乐道者，乃雍正帝的敦肃皇贵妃（年贵妃）。年贵妃乃一等公年遐龄之女，川陕总督年羹尧之妹，雍正朝的首位贵妃，也是首位皇贵妃。年氏出身官宦世家，家世显赫。早年雍正帝登基前，康熙帝即将年氏赐予雍亲王为侧福晋。

永寿宫

雍正帝登位后，封年氏为贵妃。年贵妃并不像影视作品中那般盛气凌人、横行霸道，其一生可谓温柔贤惠，颇受雍正帝宠爱。年妃曾生下皇子福宜、福惠、福沛和皇四女。雍正三年（1725），年氏病重，心焦如焚的雍正帝晋封其为皇贵妃。时隔不久，年皇贵妃薨，随即又被追封为敦肃皇贵妃。

储秀宫建成于明永乐十八年（1420），初名寿昌宫。嘉靖十四年（1535）更名储秀宫。清顺治十二年（1655）、嘉庆七年（1802）重修，光绪十年（1884）被改造。储秀宫为单檐歇山顶，面阔五间，前出廊。檐下斗拱、梁枋饰以苏式彩画。东西配殿为养和殿、缓福殿，均为面阔三间，硬山顶建筑。后殿丽景轩面阔五间，单檐硬山顶，东、西配殿分别为凤光室、猗兰馆。

储秀宫是慈禧皇太后叶赫那拉氏早年的寓所。她于咸丰二年（1852）选秀进宫后，初封兰贵人。咸丰六年（1856）生下载淳以后，叶赫那拉氏被晋封为懿妃，一年后成为懿贵妃。在此期间，叶赫那拉氏一直居于储秀宫。

在翊坤宫与储秀宫之间的体和殿内，皇帝选后仪式于光绪十四年（1888）举行。也就是在这次选后仪式上，慈禧皇太后将自己的亲侄女指定为皇后，这便是最终"断送"了清王朝的隆裕皇后。此外，慈禧皇太后同意将满洲镶黄旗出身、礼部侍郎长叙的两个女儿选为嫔，这就是此后晋升为瑾妃、珍妃的两个女子。

太极殿建成于明永乐十八年（1420），初名未央宫。因嘉靖帝生父兴献王朱祐杬出生于此，故于嘉靖十四年（1535）更名启祥宫。明万历二十四年（1596），乾清、坤宁两宫发生火灾，万历帝曾暂居启祥宫。清康熙二十二年（1683）、咸丰九年（1859）、光绪十六年（1890）重修或大修，并于晚清改称太极殿。民国十三年（1924）溥仪被迫出宫前，同治帝的瑜太妃曾居太极殿。

太极殿原为二进院，清咸丰九年将太极殿后殿辟为穿堂殿，后檐接出抱厦，并与长春宫及东、西配殿以转角游廊相连，形成回廊，东、西耳房各开一间为通道，使太极殿与长春宫连接成相互贯通的四进院。

改造后的太极殿面阔五间，黄琉璃瓦歇山顶，前后出廊。外檐绘苏式彩画。室内饰石膏堆塑五福捧寿纹天花，系清末民初时所改。殿前有高大的祥凤万寿纹琉璃屏门，与东、西配殿组成一个宽敞的庭院。

太极殿后殿为体元殿，黄琉璃瓦硬山顶，面阔五间，前后明间开门。后檐接抱厦三间，为长春宫戏台。光绪十年（1884），为庆贺慈禧太后五十寿辰，曾于此演戏达半月之久。

长春宫建成于明永乐十八年（1420），初名为长春宫。嘉靖十四年（1535）更名为永宁宫，万历四十三年（1615）复称长春宫。清康熙二十二年（1683）重修，后又多次修整。乾隆帝将长春宫赐予孝贤皇后居住，以表达其真挚的爱恋。早在雍正十一年（1733），雍正帝便赐名弘历为"长春居士"。待弘历继位后，他在紫禁城内赐孝贤皇后居于长春宫，在圆明园内则居于长春仙馆，乾隆将长春宫、长春仙馆等与自己名号相一致的宫室赐皇后居住，其爱意不言自明。乾隆十三年（1748），孝贤皇后去世，她的灵柩亦停放在长春宫。

咸丰九年（1859），拆除长春宫的宫门长春门，将启祥宫后殿改成穿堂殿，由咸丰帝题额体元殿。长春宫、启祥宫两宫院自此连为一体，自此形成南北四进院落。

长春宫正殿为黄琉璃瓦歇山式顶，前出廊，明间开门，隔扇屏门。明间设地平宝座，上悬乾隆皇帝御笔所题的"敬修内则"匾。左右有帘帐与次间相隔，梢间靠北设落地罩炕，为寝室。殿前左右设铜龟、铜鹤各一对。东配殿曰绥寿殿，西配殿曰承禧殿，各三间，前出廊，与转角廊相连，可通各殿。廊内壁上绘有18幅以《红楼梦》为题材的巨幅壁画，属清晚期作品。长春宫后殿为怡情书室，与长春宫同期建成，面阔五间，东、西各有耳房三间。东配殿曰益寿斋，西配殿

曰乐志轩，各三间。后院东南有井亭一座。长春宫南面，即体元殿的
后抱厦，为长春宫院内的戏台。东北角和西北角各有屏门一道，与后
殿相通。

同治朝（1862—1874），慈安皇太后与慈禧皇太后共同居住于长
春宫中。光绪帝即位后，慈安皇太后移居钟粹宫，慈禧皇太后则独居
长春宫，且直到光绪十年（1884）。

咸福宫建成于明永乐十八年（1420），初名寿安宫。嘉靖十四年
（1535）更名为咸福宫。此宫前殿为行礼升座之处，后殿则为寝宫。
咸福宫虽为后妃居所，但会有皇帝偶尔在此居住。嘉庆四年（1799）
乾隆帝驾崩，嘉庆帝便在咸福宫内守孝，10个月后才移居养心殿。
此后，咸福宫又恢复为妃嫔居所。道光三十年（1850），咸丰帝于咸
福宫内为道光帝守孝，守孝期满后仍来此居住。

咸福宫为两进院，正门咸福门为黄琉璃瓦门，内有四扇木屏门影
壁。前院正殿额曰"咸福宫"，面阔三间，黄琉璃瓦庑殿顶，形制与
西六宫的其他五宫不同，但与东六宫对称位置的景阳宫形制相同。殿
内东壁悬乾隆帝《圣制婕妤当熊赞》，西壁悬《婕妤当熊图》。山墙
两侧有卡墙，设随墙小门以通后院。前有东、西配殿各三间，硬山
顶，各有耳房数间。

咸福宫后院正殿名同道堂，面阔五间，硬山顶，东、西各有耳房
三间。殿内东室匾额为"琴德簃"，曾藏古琴；西室"画禅室"，所贮
王维《雪溪图》、米友仁《潇湘白云图》等画卷。这些都是董其昌"画
禅室"的旧藏，宫室亦因此得名。同道堂亦有东、西配殿，堂前东南
有井亭一座。

斋宫

斋宫与毓庆宫

　　位于东六宫南侧偏西位置的斋宫，始建于雍正九年（1731），嘉庆六年（1801）再度修葺。自雍正朝以降，凡皇帝赴天坛、地坛举行祭祀仪式前，皆于此地斋戒一日。斋宫后侧的诚肃殿，便是皇帝吃斋的场所。斋宫以东为毓庆宫，始建于康熙十八年（1679），重修于乾隆五十九年（1794），嘉庆六年（1801）增建。毓庆宫原为皇太子胤礽的居所，此乃清代唯一一座"太子东宫"。自满洲崛起于白山黑水之间，其王位（皇位）继承，一直是由议政王大臣会议说了算。待顺治帝去世后，考虑到皇位继承人的健康，孝庄文皇太后等选择了玄烨继位。多年之后，雍正帝开始采用"秘密立储"的传位方式。因此，依照汉人传统"嫡长子继承制"公开册立储君者，仅允礽一人而已。有皇太子坐镇，作为"东宫"的毓庆宫亦显赫一时。随着皇太子的两次被废，毓庆宫亦随之一蹶不振。

　　在允礽第二次被废后，毓庆宫基本空闲。康熙六十一年（1722），受到康熙帝宠爱的皇孙弘历（年仅 12 岁），被皇祖父安置在此居住。只可惜，弘历于康熙帝身边尚未待满一年，便失去了这位慈爱的皇祖父。此后，毓庆宫便成了普通皇子们的寓所。其中，嘉庆帝在做皇子时，便长期居住在这里。乾隆六十年（1795），嘉庆帝登基，由于贪恋权力的乾隆帝并不打算让出乾清宫养心殿居所，以致嘉庆帝不得不继续居住在毓庆宫。嘉庆四年（1799），作为太上皇的乾隆帝驾崩，嘉庆帝这才移居养心殿。基于对长期寓所的那份留恋，嘉庆帝在移居之后，还会时不时地来这里"故地重游"。自此，毓庆宫不再作为后辈皇子的居住之地。

慈宁宫建筑群

　　武英殿建筑群北侧，是明万历朝李太后所居住的慈宁宫建筑群。康熙朝，孝庄文皇太后曾长期居住于此。待孝庄文皇太后离世，慈宁宫便改作举行重大典仪活动的场所。雍正帝去世后，继位的乾隆帝随即将慈宁宫及其周边院落进行整体改扩建，以奉崇庆皇太后颐养天年之用。其中的关键工程，便是将慈宁宫西院改建成寿康宫。此宫南北三进院落，院墙外另有东、西、北三面夹道。院落南端的泰康门为泰康宫的正门，门前有一封闭的小广场，其东侧为徽音右门，东出后便是慈宁宫院落。泰康宫内，悬挂着乾隆帝御书匾额，其东西梢间皆为暖阁，东暖阁是太后礼佛所用的佛堂。寿康宫北侧的第二进院落，居中位置的后殿是太后寝殿，其有甬道与寿康宫相通，从而形成"工"字殿的形式。乾隆二十三年（1758）重修慈宁宫时，寿康宫后寝殿被改成了大佛堂，以供崇奉藏传佛教的崇庆皇太后礼佛之用。此处长期摆放着一堂完整的明塑汉地佛教造像（其中的二十一尊主要造像，来自始建于元代的大能仁寺），至 1973 年被移入河南洛阳的白马寺、洛阳市博物馆等地保存。而今的大佛堂，已被重新开辟为故宫佛教造像展厅。

自寿康宫建成之日起，这里便一直作为历代皇太后的居所。若是住在紫禁城中，乾隆帝会每日风雨无阻地来此问安。自崇庆皇太后以降，道光朝的恭慈皇太后、咸丰朝的康慈皇太后等均生活在此。自崇庆皇太后崩逝，年已古稀的乾隆帝还会在每年皇太后寿诞日，以及上元节的前一天，来此拈香礼拜、瞻仰宝座。道光二十九年（1849）孝和皇太后、光绪元年（1875）同治帝的嘉顺皇后离世，皆被移至寿康宫内停枢。而今的慈宁宫建筑群，被用来展示明、清两代皇太后生活场景与珍贵文物。

宁寿宫建筑群

临近紫禁城东侧宫墙、南至东华门、北达宫城北侧的区域，在明代是众多宫殿的集聚之地。清乾隆朝，这里进行了翻天覆地的改造。此时，建筑群的名称为"宁寿宫"。当然，这一名称并非在乾隆朝出

慈宁官前的铜鹤

现。早在康熙朝，以宁寿宫为名的这片区域，便成为皇太后的居住之所。待 26 岁的乾隆帝继位，这里的一切开始发生巨大变化。年轻的乾隆帝曾向上苍祈祷：若是在位超过 60 年，便要将皇位传与皇子。至于 60 年的年限，乃其祖父康熙帝的在位时长。康熙帝自 8 岁登基，驾崩之时不过 69 岁。乾隆帝 26 岁继位，倘若在位 60 年，"退休" 时将是一位 86 岁的耄耋老人了。事实证明，乾隆帝确实能活，且一口气坚持到嘉庆四年（1799）。成为太上皇的乾隆帝，依然掌控着帝国的最高权力，也依然居住于养心殿内。至于为他能够颐养天年而建造的宁寿宫，则一直处于空闲中。

改造后的宁寿宫，总体布局大致为三路：中路乃皇极殿，对应的是外朝的太和殿；北侧宁寿宫，对应的是内廷的乾清宫与坤宁宫；再北侧的乐寿堂、颐和轩，则为太上皇休养之地。（慈禧太后选择清漪园作为其归政后颐养之地时，特将"颐和轩"之名移了过去，并命名为颐和园。）东路有畅音阁，是紫禁城中难得的大戏台，也是清宫四大戏台之一（其余三处为圆明园的同乐园、颐和园的德和园与避暑山庄的清音阁）；畅音阁后侧，有庆寿堂、寻沿书屋、景福宫等建筑。此一路建筑，皆为游廊围绕，乃小型四合院式样。院中的松竹之属，是乾隆帝实践"随遇而安"的随安室。宁寿宫的西路，则基本上被宁寿宫花园所占据。在这处南北长约160米、东西宽约37米的被称为"乾隆花园"的宫城苑囿中，采用了江南园林的造园手法。对于酷爱江南园林、在位期间曾大兴土木修建"三山五园"的乾隆帝而言，修造诸如古华轩、流杯亭、三友轩、翠赏楼等一系列点景式建筑，是十分必要的。当然，修好了宁寿宫花园，乾隆帝也并不见得会经常至此。按照乾隆朝至咸丰朝历代君主的生活规律，其夏季居住地点，一般会选择承德避暑山庄，以及京西的圆明园、清漪园；冬季的居住场所，才是紫禁城。而偏居一隅的宁寿宫花园，似乎与这些皇帝并无太多交集。

当然，乾隆帝出于政治目的而不去享用的宫寝，却被同样出于政治目的的慈禧太后充分地利用起来。光绪十二年（1886）正月十五日皇帝在太和殿内举行了亲政大典之后，慈禧太后便有意移至宁寿宫居住。然而，自乾隆四十四年（1779）竣工后，由于宁寿宫再未被帝后们关注过，这座经历了百余年风雨的土木建筑风化甚为严重。此时的慈禧太后与光绪帝皆有重修宁寿宫之意，清廷遂以庆贺皇太后六十寿诞为由，拨出60万两白银的专项经费，对宁寿宫进行重修。修葺工程结束后，慈禧太后以皇太后之尊，入住宁寿宫乐寿堂。此堂名称，与颐和园乐寿堂完全一致。光绪二十年（1894），慈禧太后在宁寿宫皇极殿内接受光绪帝君臣的生日祝福。光绪三十年（1904），在慈禧太后七十寿诞前后，她又于此接受了奥匈帝国、美国、比利时、英国、法国等九国驻华使节的生日祝福。这位"量中华之物力，结与国之欢心"的老太后，面对"庚子国变"的教训，总算是对着全世界的使者敞开了紫禁城那尘封已久的大门。光绪三十四年（1908），慈禧太后崩逝，其灵柩曾停放在宁寿宫内，直至被运往河北遵化的定东陵下葬。

神武门

作为紫禁城北门的神武门，始建于明永乐十八年（1420），初名玄武门，名称来自古代"四神"（东方青龙、西方白虎、北方玄武、南方朱雀）中的北方之神玄武。

神武门整体高度为 31 米，平面矩形。

宁寿宫畅音阁

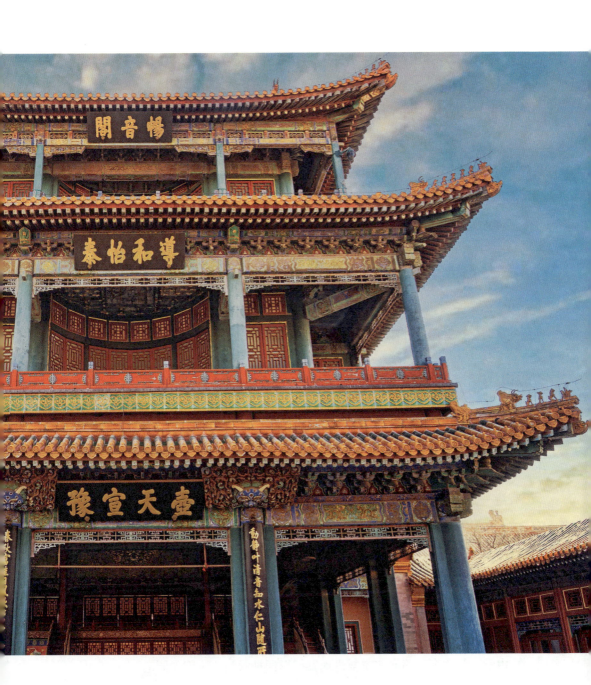

基部为汉白玉石须弥座，城台辟门洞三券，上建城楼。楼建于汉白玉基座上，面阔五间，进深一间，四周围廊，环以汉白玉石栏杆。楼前、后檐明间与左、右次间开门，菱花隔扇门。东西两山设双扇板门，通城墙及左、右马道。四面门前各出踏跺。楼为重檐庑殿顶，下层单翘单昂五踩斗拱，上层单翘重昂七踩斗拱，梁枋间饰墨线大点金旋子彩画。上檐悬蓝地镏金铜字满汉文"神武门"华带匾。顶覆黄色琉璃瓦。楼内顶部为金莲水草天花，地面铺墁金砖。

清康熙朝，为避康熙帝（玄烨）的名讳，玄武门被更改为神武门。这座门楼，与中轴线北端的钟楼、鼓楼一样，由銮仪卫管辖。神武门上，负责天象与历法的钦天监官员每日在此值班，以便指示更点。每到黄昏之时，神武门的钟楼先行鸣响108声，而后"起更"。按照传统的计时方式，一夜分为五更，也被称作是"五夜"或"五鼓"。一更约为两个小时，自头日入夜，至次日清晨，一直会有鼓声响起。当五更已尽，晨钟取代暮鼓，继续回响在紫禁城上空。这便是"晨钟暮鼓"之说。当然，清代君主还是希望耳根子能清净些的。于是，在皇帝居住于紫禁城内时，神武门的钟声便不再响起。

有清一代，神武门也是参与选秀的八旗秀女被领进宫或带出宫的必走之门。这些入围的秀女，会在户部的安排下（而不是内务府机构），每隔两年入宫一次。在选看的前一日，各旗的参领、领催等要事先排定车次，然后依照顺序鱼贯而入。每辆车上挑挂双灯，各有标志。一般来说，车辆皆为半夜经行地安门终至神武门外，等候宫门开启之刻。待秀女们入宫后，其所乘坐的车辆，即由神武门夹道出东华门，再由崇文门大街一路向北，复进地安门返回神武门，这就如同巡

神武门侧影

游一般。及至中午，选看完毕的秀女们，再按顺序退出神武门，登车返回各家。千百辆车首尾相连的场面盛大有序，因此被时人称为"排车"。嘉庆帝上台之后，车队由神武门自东向西绕行的方案，才正式出台。嘉庆六年（1801），皇帝下诏规定：应选当日，进宫的大臣官员不准走神武门，皆须由东华门、西华门进入。即便是皇子皇孙，亦不准在神武门行走。此外，神武门是满洲、蒙古女人进宫的专属之门。为此，早在顺治朝，孝庄皇太后便颁布明谕：有缠足的女人入宫者斩。这道懿旨，彻底切断了不在旗（非包衣）的汉族女子进宫的可能。

第四辑

从景山到钟鼓楼：中轴线上自『天界』

重返『人间』的那段路程

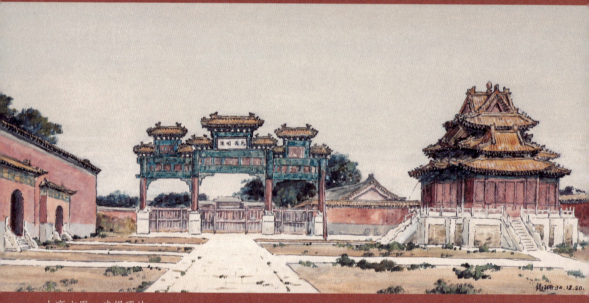

大高玄殿　盛锡珊绘

皇史宬与中国第一历史档案馆

中轴线上的两座国家级档案馆

皇史宬

皇史宬所在地点，位于紫禁城东华门外、南池子大街南口东侧。这里实乃明初的"东苑"。据说，永乐帝曾在此"观击球射柳"，宣德帝亦带着亲近大臣来此游览。彼时的"东苑"比较开阔，一派田野风光。

景泰元年（1450），在"土木堡之变"中被俘的朱祁镇回京后，便幽居于东苑内的崇质宫中，此宫被称为"小南城"。至天顺元年（1457）之后，复辟的朱祁镇在"小南城"增建三路宫殿，并统称为"南城"。

明代的"南城"，北部坐落着仿效紫禁城乾清宫而建的重华宫；东部分布着洪庆宫、内承运库、崇质宫等；南部自东向西分别建有追先阁、钦天阁、皇史宬等。此时的宫殿建筑，与小桥流水景观是相得益彰的。

明亡清兴之际，东苑已经荒废。清廷在保留皇史宬的同时，在东苑遗址的东南部建造起普胜寺，又在洪庆宫原址上建造起多尔衮的摄政王府。整个东苑的面貌随之改变。这里，先来讲讲皇史宬的过往。

关于建造皇家档案馆的动机，早在弘治五年（1492）就被内阁大学士丘濬曾提出过。只是，弘治帝拿起奏折后又轻轻放下，不置可否。待到嘉靖十三年（1534），一心求变的嘉靖帝终于下旨，正式启动“石室金匮”的神御阁项目。此工程的建设倒也顺利，只两年时间便告完工。神御阁的占地面积为 8460 平方米，其中建筑面积为 3400 多平方米。这组由宫门、主殿、东西配殿等组成的皇家建筑，自建成之后便更名为皇史宬。

其实，在皇史宬初建的时候，在它的周围，还有一组明代的宫廷建筑。这些建筑群落，被统称为“东苑”，包括重华宫、宜春宫、洪庆宫、崇质宫等，此乃明代帝王们游戏娱乐的场所。于一些文献资料中，东苑亦被叫作小南城，或是南内。待到明亡清兴，这组南内建筑群亦随着大明王朝的衰亡而走入历史，唯有皇史宬尚存，且为清代帝王继续利用。

至于这皇史宬的金贵之处，也就是后来的清代皇帝们所看重的地方，或许在于，此宫室的主殿乃是无梁之殿，殿墙厚度达到 6 米，有利于室内恒温恒湿；殿中南北墙壁上开石窗，有利于空气对流通风；殿内砌有汉白玉石座，上面放置着 1500 多格镏金雕龙的铜皮樟木大柜，这便是金匮。此等“石室金匮”的规制，具有防火、防潮、防蛀虫等特殊功效，从而使明代的历代“实录”“宝训”，以及清代历代

皇史宬全貌

的"圣训""玉牒"得以完整保存。

　　其实，于皇史宬内所收藏的最重要典籍，还应数《永乐大典》。只可惜，此套"大典"仅为永乐朝"大典"之副本，且只是分担了紫禁城内的文渊阁之"大典"收藏功能。如此安排的起因，在于嘉靖朝所发生的文渊阁火灾。灾后之文渊阁残存书籍，被悉数移至皇史宬内保管。这套《永乐大典》的副本之抄录年代，亦是在嘉靖朝。于是，在其抄录完成之后，副本即被转存于皇史宬之中。嘉靖帝去世之后，《永乐大典》的原本也不见了踪影。由是，这皇史宬内所存留的"大典"副本，就变得异常珍贵起来。

　　皇族的族谱称作"玉牒"。清代玉牒，即清代皇族的族谱。自古以来的历代王朝，均有修玉牒的传统。可惜清代以前各朝玉牒，皆未留传于世。清代玉牒长80厘米、宽4.5厘米、厚达万余页、高约1米、重达150千克，是目前唯一完整系统保存至今的皇族族谱，堪称世界之最。

1955年，皇史宬被移交给国家档案局管理。自1956年起，国家陆续拨巨款对皇史宬进行了多次修缮。至1982年，皇史宬被国家文物局列入第二批全国重点文物保护单位名录中。如今，皇史宬由中国第一历史档案馆直接管辖，所存明、清皇家档案，已移至中国第一历史档案馆存放。

中国第一历史档案馆

地处故宫博物院西华门之内的中国第一历史档案馆是保存明、清两代档案的国家级档案馆。此馆始建于民国十四年（1925），是故宫博物院图书馆文献部。民国十六年（1927），改称掌故部。民国十七年（1928）从图书馆分离出来之后称文献馆。此时的文献馆，下设有内阁大库档案组、宫中档案组、军机处档案组、内务府档案组与宗人府档案组。及至1951年，改称档案馆。1955年划归国家档案局领导，改称第一历史档案馆。待到1958年，又称明清档案馆。至1959年10月，划归中央档案馆后，成为其下辖的明清档案部。1969年，该部门再次从中央档案馆划出，交由故宫博物院领导。1980年，被国家档案局接管以后，正式更名为中国第一历史档案馆。这座场馆内，收藏了明、清时期档案74全宗1000余万件（册）。其中，有明代档案3600件，涵盖明代诸朝的重要文件。此外，还有《明会要》稿本、《明会典》残本、《明史》纲目稿、《明通鉴纲目》稿本等。但是，中国第一历史档案馆内主要收藏的还是清代档案，包括清代内阁、军机处、内务府与宗人府等重要机构的档案，以及清政府总理各国事务衙门等对外交往中所留下的各种文书。

　　中国第一历史档案馆的建筑既体现了中国传统宫廷建筑的特色，又具有一定的现代元素。此地与收藏民国时代档案的南京中国第二历史档案馆，构成了近 600 年来国内历史文献收藏与研究的重镇。

景山及寿皇殿
中轴线上的皇家 "制高点"

离开神武门外的北上门，京师的制高点——景山（清代以前名曰"万岁山"）便赫然在目了。其实，在元、明两代帝王及官僚的话语之中，关于万岁山的说法，也是不尽相同的。元代的万岁山，指的是北海之琼华岛；明代的万岁山则是指元宫大内的延春阁所在地。

延春阁在元大都皇宫中的地位与作用，就如同明、清时期紫禁城中的乾清宫、交泰殿与坤宁宫一般。此地，应当属于元代帝后就寝之地。据说，延春阁所在的区域，曾与辽国的两处名为琼华岛和瑶屿的行宫苑囿有着密切的关系。起初，辽国营造者从白莲潭内挖出的土石方，被随手堆砌在苑囿北侧、东侧的空地上。白莲潭东侧区域之往事，由此便被写就。那片挖出来的水域，便是后来的北海；堆积起来的"土山"，便是琼华岛、瑶屿之山，以及而今之景山的前身。所以，在老一辈的北京市民心目中，多年来一直流传着所谓

"辽始筑土山"的说法。待金代修整琼华岛、瑶屿，又进一步提升了"土山"的高度。至忽必烈时代修筑大内，干脆将苑囿东侧的这片"土山"称为"青山"，伴之以进一步增加高度，且建造延春阁于此。延春阁的前殿，大致为而今景山的中峰。此外，在延春阁的东侧，还另有一组建筑，乃安置皇后与妃嫔居所的"皇后斡耳朵"，以减少宫内纷争。

据说，延春阁内曾放置着楠木卧榻一座，以便元代帝王在此召见亲信大臣、举行佛事活动。在延春阁的后部，则为另设有楠木大御榻的寝殿一座。而于延春阁与寝殿之间，且被一道柱廊所连接，从而形成了皇宫大内中的一组"工"字形建筑群。寝殿的周遭，亦围绕着三座附属殿堂。其东侧为慈福殿，西侧乃明仁殿，而北侧乃是清宁宫。在整个延春阁建筑群落的四周，另建有 172 间的庑廊。

及至明永乐朝，在被捣毁了的延春阁基础之上，加以挖掘明皇宫紫禁城之筒子河、太液池南海的泥土，堆积而成的便是而今这座五峰并峙的"高大"土山了。由于地处紫禁城之玄武门以北，依据"玄武垂首"的民间风水说法，该山又被视作紫禁城的"镇山"，明廷亦赐其名曰"万岁山"。此时的万岁山，也不过是没有什么亭台楼阁之翠绿色的"秃山"罢了。好在于万岁山麓，尚种遍了各色果木，故被明代帝君唤作"百果园"。及至明亡清兴之时，作为"末代君王"的崇祯帝，竟然自缢于万岁山的一株老槐树上（这是个流传至今的说法，姑且听之罢了），大明王朝随之灭亡。

待到顺治十二年（1655），清廷下旨将万岁山更名为景山。至乾隆十六年（1751），又在景山的五座山峰之上，各自建造一座优美的

景山万春亭（左）曾是北京中轴线的制高点

景观亭。其中主峰的一座，名为"万春亭"，曾为整个北京中轴线的制高点。

生活在乾隆朝的人们，大体会听过这样的说法：北京城乃是一座"藏风得水，五行不缺"的城市。于此五行之中，东为木，南为火，西为金，北为水，中为土。倘若对应着北京城的五处方位而言，城东乃是神木，即北京的神木厂，为储存宫城建材木料之所；城南为燕墩，此为永定门外的元代之烽火台；城西为大钟，即先安置于万寿寺、后抵大钟寺内悬挂的古钟；城北为昆明湖，连同清漪园中的铜牛算在内，为昆明湖之水。（也被时人看作是一道"银河"，隔河与铜牛相对者，是湖西侧的"耕织图"景区。）然位于城中者，便是万岁山了。此山乃泥土堆砌而成，是紫禁城乃至整个京师的"镇山"。

景山北侧的寿皇殿，于雍正、乾隆朝得到了至为重要的两次修缮。雍正年间的这次修缮，缘自康熙六十一年（1722）康熙帝的驾崩。康熙帝去世后，雍正帝决定修葺寿皇殿，以便停放康熙帝的梓宫。其实，早在顺治十八年（1661）顺治帝去世之际，寿皇殿便已做过停放梓宫之地。待顺治帝之灵柩停放百日以后，其梓宫便在寿皇殿前被火化。自此之后，顺治帝的骨灰仍继续存放于寿皇殿中，直到康熙二年（1663）才与董皇后、佟佳皇后的骨灰一并送至清东陵入葬。（依照满人的早期习俗，人死后的尸体是要被火化的。随着汉化程度的加深，其习俗才改为"土葬"。）及至康熙朝，亲政后的康熙帝，将寿皇殿当作检阅射箭的地方。待到康熙帝去世且梓宫移入清东陵之后，该殿又改成了祭祀康熙帝"御容"画像之所。到了雍正八年（1730），雍正帝最器重的怡亲王允祥去世。悲痛之中的雍正帝，将治丧时"行为不恭"的诚亲王允祉罢官，圈禁于景山永安亭内一直到死。

等到乾隆帝登基，重建寿皇殿的工程，便又被提到了日程之上。乾隆十四年（1749），寿皇殿被移至景山北部的正中位置，对准景山的中峰。这是寿皇殿被放置在京师中轴线上的开始。而重建之后的寿皇殿，亦被乾隆帝下旨供奉清代列祖列宗，即清太祖、清太宗、清世祖、清圣祖、清世宗的"御容"。至此，景山寿皇殿与紫禁城内的奉先殿、圆明园中的安佑宫一道，成为供奉前代帝后"御容"的3座重要建筑。

雄伟华丽的寿皇殿

　　根据民国元年（1912）的《优待清室条件》，景山仍然隶属于紫禁城内的逊清皇室管辖。紫禁城内的小朝廷，却早已无力看管此地，于是便造成了景山的荒芜。待民国十三年（1924）溥仪出宫之后，景山由清室善后委员会照看。民国十四年（1925）故宫博物院成立，景山改由其负责管理。民国十七年（1928），景山的山景部分，终以公园之形式对外开放。而寿皇殿、观德殿等，则仍由故宫博物院作为其内部之用。

　　中华人民共和国成立后，1950—1955 年，景山被军队使用，作为防空司令部的防空阵地，曾设置雷达、探照灯等；1955 年 6 月 1 日，景山寿皇殿被改为北京市少年宫；1955 年 7 月 16 日，景山公园重新开始迎接游人；1957 年景山被列为第一批北京市文物保护单位；2001年，景山被列为全国重点文物保护单位；2003 年，北海景山公园管理处一分为二，成立独立的景山公园管理处，归属北京市公园管理中心。而为少年宫使用多年的寿皇殿，亦被重新整修且再度成为景山公园的重要组成部分。

　　而今，位于寿皇殿东北部的集祥阁、西北部的兴庆阁，皆在修复之中。这两座建筑均是双层结构，其下层皆为方形城堡，上层则为敞亭。寿皇殿东部的观德殿，以及园区东北角的护国忠义庙等建筑已得到修复并对游人开放。

大高玄殿

中轴线附近规模最大的皇家道教宫观

位于景山前街西部、景山公园西侧的大高玄殿，始建于明嘉靖二十一年（1542）。由于大高玄殿临街大门是并排的三座门，因此这里又被俗称"三座门"。（昔日的中轴线与长安街附近，曾矗立过不少的"三座门"。如前面介绍过的长安左门、长安右门、东三座门、西三座门等。此外，在西安门内，即目前文津街西口，曾有清代改建的砖石琉璃花壁方形三座门，坊间称之为"外三座门"。团城之东、大高玄殿以西另有相同形制的三座门，被称为"内三座门"。）大高玄殿整体建筑占地约 13000 平方米，总建筑面积约为 5300 多平方米。建筑群呈南北向长方形，正面有两重绿琉璃仿木结构券洞式三座门，门外曾有牌坊三座、习礼亭两座，现已无存。三座门后为过厅式的大高玄门，此门前原有旗杆（而今仅存石座），后有钟鼓楼。其正殿名大高玄殿，面阔七间，重檐黄琉璃筒瓦庑殿顶，前有月台，左、右配殿各五间；后殿名九天应元雷坛殿，面阔五间，两旁配殿各九间。从现存的主要建筑来看，大高玄殿自三座门起，由南向北依次为钟鼓楼、东西配殿、大高玄殿、九天应元雷坛殿。最后是一座象征天圆地方的两层楼阁：上为乾元阁，圆攒尖屋顶，覆以蓝琉璃瓦，象征天；下为坤贞宇，方形，覆以黄琉璃瓦，象征地。

在大高玄殿建造之初，这里便被规定为皇家斋醮、内廷官员与宫女学习道教礼仪的斋宫场所。此后，这里于嘉靖二十六年（1547）、万历二十八年（1600）被重修。

进入清代，作为供奉玉皇大帝，且以祈求晴、雨、雪，并举办道场之地，大高玄殿继续受到朝廷的重视。康熙朝，为避玄烨的名讳而被更名为大高元殿。虽然在朝野行文、称呼等方面有所变化，但殿内匾额却未被改动。大高玄殿于清雍正八年（1730）、乾隆十一年（1746）、嘉庆二十三年（1818）被重修。"大德曰生"牌楼即建成于雍正八年的那次重修之时。

大高玄殿的衰败是从"庚子国变"开始的。光绪二十六年（1900）八国联军攻入京师，其中的法国部队便驻扎在大高玄殿之内。此一住就是近10个月，至光绪二十七年（1901）才撤出。其间，大高玄殿内的建筑、法器、神像、经卷等，尽遭法国军队的破坏。冬日里的北京格外寒冷，法国士兵便焚烧经卷、拆卸木质门窗以取暖。待清廷重新收回该庙宇，在工部勘定大高玄殿的维修费用时，发现其所费过高，无奈之下只能从筑路等工程方面划拨款项。尽管大高玄殿得以修葺，然殿内的佛像文物等却难以恢复了。

进入民国之后，大高玄殿仍归清室管辖，直至民国十三年（1924）

清末的大高玄殿，前景为筒子河

冯玉祥发动"北京政变"并驱溥仪出宫。民国六年（1917），大高玄殿南侧的"大德曰生"牌楼向南倾斜，威胁到筒子河的安全。虽加以修缮，但没能最终解决问题，牌楼于民国九年（1920）被拆除，仅存 4 块夹杆石。

民国十三年（1924）以后，大高玄殿归属新建成的故宫博物院管辖。民国二十年（1931），由于沿筒子河北岸的道路狭窄，车马行人皆行走不便，市政当局将大高玄殿外东、西两牌楼的木栅门拆除，景山的南界墙被北移至目前的景山南门一线；原有的北上东、西门被拆除，自北上门前与东、西连房北侧形成了如今的景山前街。新的道路通过大高玄殿门前的东、西牌楼，牌楼中间位置为快车道，两侧坊间则为上下慢车道，牌楼北侧与筒子河北岸皆为人行道。大高玄殿的习礼亭被隔在了道路南侧，且另行砌筑黄琉璃瓦顶的矮红墙加以围护。

九一八事变之后，大高玄殿内所藏的故宫档案等被南运，大高玄殿外的"大德曰生"牌楼被重修。中华人民共和国成立初期，大高玄殿前的三座牌楼、习礼亭及各处殿堂皆被修缮。1954 年，军队机关向故宫借用大高玄殿进行兵器展览。此后，该建筑群被军队供应站所使用，庙宇之内的殿阁被修建为汽车库和仓库，大殿门窗等皆有所改动。

1956 年，为了缓解景山前街的交通问题，大高玄殿门前的三座牌楼、习礼亭，以及故宫北上门和东、西连房等皆被拆除。拆卸后的东、

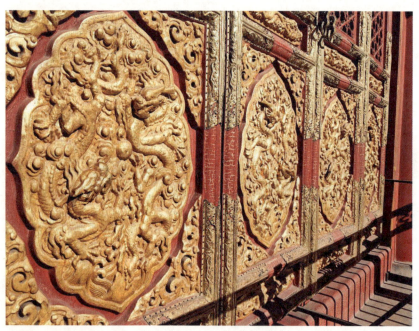

大高玄殿内的精美门饰

西牌楼零部件曾被存放在北海公园内，而后于 1960 年被调拨至中央党校校园内重新安装，但只部分恢复了其中的一座牌楼。"大德曰生"牌楼的石匾额曾存放在房管局拆迁所，后被当作月坛公园的石桌面。而今的"大德曰生"牌楼已被重新恢复。

1996 年，大高玄殿被列为第四批全国重点文物保护单位。2013 年 5 月，大高玄殿正式归还故宫。2015 年，大高玄殿得到近 60 年来的首次大修。据专家介绍，大高玄殿的主殿已经 100 年没有修缮过了，院内建筑基本保持乾隆时期的样子，彩绘和门窗均为清代最后一次修复时的原物。

先蚕坛

中轴线上拥有国内唯一一座皇家"先蚕"神祇祭祀地

在天坛、地坛、日坛、月坛、社稷坛、先农坛、先蚕坛，以及天坛之内的祈谷坛与圜丘坛之中，先蚕坛的营造时间算是比较早的。这座祭祀蚕神的皇家坛庙，始创于元至大三年（1310）。只不过，最初设置先蚕坛的地点，并不是而今的北海公园东北角。根据史料记载，元代的先蚕坛与先农坛，是坐落在耤田之中的。然建成于蒙古至元七年（1270）的耤田，则是位于元大都的东南郊。从残留下来的元代《析津志》中可以看出"庆丰闸二，在耤田东"，"耤东闸改名庆丰"，由此判断，耤田大致范围应是而今东便门外到东三环通惠河庆丰公园之间。元代的先蚕坛应是在此范围之内。

待到明永乐帝迁都北京，曾经的祭祀先蚕活动早已不再，元代先蚕坛也沦为废墟。永乐帝在明城墙的南侧先后兴建了天坛、山川坛，于宫城的南侧修筑起太庙、社稷坛，但并未打算重建一座先蚕坛。直至明嘉靖九年（1530），才由都给事中夏言等人建议，应建造一座用来祭祀先蚕的皇家坛庙。于是，嘉靖帝决定筹建先蚕坛。

明代的先蚕坛，初步选址是在安定门外。持此意见者，是嘉靖帝本人；而提出反对意见的大臣，其理由大致为两条：一是安定门外距离紫禁城有些遥远，皇后（皇后实乃祭祀先蚕的主角）出行不便；二是安定门外缺乏水源，无浴蚕之所。若以唐、宋两代为例，祭祀先蚕以前的浴蚕活动是要在皇家宫苑之中，且利用太液池之水来进行的。尽管理由充分，但大臣毕竟拗不过一意孤行的君王。于是，当年阴历四月的祭祀先蚕活动，便在甚为仓促之中进行了。彼时，安定门外的先蚕坛尚未建成，这让嘉靖帝的皇后显得很狼狈。及至嘉靖十年（1531），回心转意的嘉靖帝，终于在西苑的仁寿宫附近再造先蚕坛。只是可惜了安定门外的先蚕坛，还没等到建成之日便遭废弃。此后，由于该坛长期处于无人管理之中，导致形成了坑洼积水之地。待中华人民共和国成立之后，这片荒芜肮脏的水域，终被改造成为了今日的青年湖公园。

于西苑所建造的先蚕坛，亦是一座短命的祭坛。自嘉靖十年开始兴建，到嘉靖三十八年（1559）祭祀典礼被废止，此坛在大明统治者的关注目光中，只存在了短短的 28 年时间。而后，直到大明王朝覆灭，先蚕坛亦再没被启用过。至于由皇后亲临祭坛的历史记录，也只出现自嘉靖九年。对于西苑的先蚕坛而言，终其"一生"也没有等来主持祭祀典仪的皇后。

待清军入关之始，先蚕坛祭祀尚未被列入国家级祭典。当然，康熙帝还是甚为重视种桑养蚕的，此事毕竟乃国之根本。康熙帝曾于中南海丰泽园的东侧设立蚕舍，且在内务府设置了 800 余名匠人，设立织染局。到了雍正十三年（1735），河东总督王士俊奏请祭祀先蚕，然此时正赶上雍正帝病重，所以建议被搁置下来。而后，大学士鄂尔泰又于乾隆七年（1742）奏请建造先蚕坛。他给出的理由名正言顺，"帝亲耕南郊，后亲耕北郊"乃是古制。而今大清立国百年，各项礼仪制度已趋完备。如果先蚕坛缺失，将势必违背当朝礼仪典制之完整。对于乾隆帝而言，鄂尔泰的奏请颇有见地。随之，建造一座先蚕坛便被提上议事日程。

乾隆七年八月，内务府大臣海望根据鄂尔泰的奏折，进而提出了建坛的构想，并进行了绘图与烫样的制作。海望将设计方案呈献给乾隆帝，乃获准。

此先蚕坛，选址在嘉靖朝所设宏济神祠之内的雷霆洪应殿的位置上，其垣周 160 丈，占地面积约为 17000 平方米。按照《日下旧闻考》中的说法："南面稍西正门三楹，左右门各一。入门为坛一成，方四丈，高四尺，陛四出，各十级。三面皆树桑柘，西北为瘗坎。此坛东为观桑台，台前为桑园，台后为亲蚕门，入门为亲蚕殿。观桑台高一尺四寸，广一丈四尺。先蚕神殿西向，左右牲亭一，井亭一，北为神库，南为神厨。垣左为蚕署三间，蚕所亦西向，为屋二十有七间。"在先蚕坛的院落之内，其殿宇、游廊、宫门、墙垣等皆为绿琉璃瓦屋面。按照建筑学者刘文丰的说法："将先蚕坛建于西苑之中，既方便了皇后妃嫔等亲蚕，又与园林景观融为一体，将坛庙建筑的规整庄严融于西苑景致优美的山水风光中，匠心独运又相得益彰。"

待到乾隆二十三年（1758），先蚕坛再度被扩建。此后，该坛又

先蚕坛牌匾

于嘉庆、道光、同治、光绪、宣统各朝得到不同程度的修缮。

及至民国时代，坛庙不再用来祭祀先蚕，各处殿宇亦走向衰败。据文献记载，先蚕坛曾经作为河道派出所使用。待到民国十四年（1925），在北海公园开放后，被拆除下来的西苑小火车配套设施、附属建筑等皆运至此地搭建房屋。此后，在 20 世纪 30 年代，先蚕坛曾先后成为历史语言研究所、北京大学医学院等的办公场所。再到民国三十年（1941），日伪控制下的北京特别市公署将国货陈列馆迁至先蚕坛。

抗战胜利后，先蚕坛依然作为国货陈列馆使用。及至民国三十七年（1948），北平市政当局对先蚕坛古建筑进行整体修缮，以防殿宇渗漏等。同年年底，于平津战役中屡遭败绩的傅作义军队某部强行占据先蚕坛两个多月，从而对先蚕坛的建筑造成一定破坏。

自北平和平解放之后，经北平市公用局军管会的批准，将先蚕坛房屋划拨给北海实验幼儿园使用（1949年3月）。从此，这里变成孩子们的学习与生活天地。

中轴线上的三座御用冰窖

陪伴着明、清两代君王度过无数夏日

故宫冰窖

作为紫禁城内组成部分的冰窖，是一种避暑建筑，主要作用在于储藏冰块，以便君王于盛夏时节饮冰祛暑。紫禁城内的冰窖而今留存4座，位置就在紫禁城西区隆宗门外西南约 100 米处。每座冰窖的建筑形制完全相同，均为南北向建造，外表与普通硬山式建筑无异，内部则为半地下室形式，室内外地面高度差约 2 米。每座冰窖建筑内部长约 11 米，宽约 6.4 米。窖内地面满铺大块条石，一角留有沟眼，融化的冰水可由此流入暗沟，暗沟附近有旱井，以利于暗沟排水。四周的墙体由下往上首先为约 1.5 米高的石质墙体，而后往上砌筑约 2.6 米高的条砖墙，再开始起拱，做成拱券顶棚形式。顶棚与屋顶最高点的高差约 2 米，其间用灰土填充。各个建筑墙体厚约 2 米，不设窗，仅在南北两侧设门。

如今所能见到的关于紫禁城冰窖的建造档案很少，其建造的时间也并不明确。但这毕竟是中轴线上最重要的一处冰窖，其特点主要包括：采用地下式建筑形式，以利用地下恒定温度来保持室内温度的恒定；厚厚的墙体及屋顶，以利于隔离室外高温的影响；具有吸附、净化冰水功能的石材地面，有利于保持冰块的卫生；地面暗沟，有利于保持窖内干燥。

从功能上讲，冰窖主要用于藏冰，偶有用于帝王避暑吃"冰棍"。关于紫禁城冰窖藏冰数量，《大清会典·工部都水清吏司·藏冰》记载有"紫禁城内窖五，藏冰二万五千块"，可知每座冰窖藏冰的数量为 5000 块，而每块冰的尺寸约为 0.5 米见方，该尺寸的冰块不易融化。这些冰块均为前一年冬至准备好，或从紫禁城筒子河、北海及中南海、御河等处采取，或在上述河湖旁挖一个水池，预先将净水存入结冰（用于食用），然后由指定差役凿取运至冰窖中。古代无制冰设备，冰均采自天然，史书中称"打冰"。采冰的差役在冰面上将冰打成方块，然后拉着方形冰块在冰上滑行，将冰运到窖内。按照旧规，采冰一律在夜间进行。这是因为夜间结的冰未经日晒，不易融化，易于保存。紫禁城冰窖的藏冰一般在来年农历五月初一开始使用，至农历七月三十截止。冰块储藏期间，大约有 2/3 会融化，但这是古人早就考虑好的。因而冰窖内要储藏三倍于所需的冰块，以"备消释"。

紫禁城的冰窖建筑及藏冰方法，在满足了帝王在炎热夏天避暑纳凉的要求的同时，建筑技艺亦是古代工匠勤劳和智慧的体现，对于现代建筑的隔热可提供有效的借鉴和参考。

雪池冰窖

位于陟山门外雪池胡同之内，距离大高玄殿北侧不远处的雪池冰窖，与该冰窖北侧的恭俭冰窖，是故宫冰窖之外最靠近中轴线的两处皇家御用冰窖。京城的官民商贾冰窖，多在德胜门外一带。取用的冰水，亦为北护城河之水。位于皇城之内的雪池冰窖，除了采用一部分护城河河冰之外，大部分所取用者是寒冬腊月之太液池、什刹海、筒子河河冰。这些被切割的冰块，自陟山门送至雪池冰窖，以供坛庙祭祀与宫廷冷藏肉类、果品、蔬菜及夏季防暑降温之用。雪池冰窖最晚出现于明代嘉靖年间。窖体建筑共有 6 座，沿北海东墙呈东西排列：西侧排列着 4 座，东侧排列着两座。西侧的 4 座冰窖面积较小，东侧的两座则稍大些。冰窖门在陟山门以北的园墙东侧转折处，大门北向。每座冰窖都在地下 4 米左右，以花岗岩铺底并砌墙。每窖只设置一门，门外设置一座砖井，井比窖底还要低一米，用来清除融化冰水之用。

民国五年（1916），雪池冰窖由总统府庶务司管理，且由私人承包。雪池冰窖的储冰主要供应北洋政府和逊清皇室的需求，剩下的则售卖给商店或民宅。

中华人民共和国成立后，雪池胡同尚有保存较为完整的 5 座冰窖，但大都出现了漏雨现象。为了防止窖顶坍塌，相关部门曾将内拱砖缝用水泥嵌补严实。如此一来，雪池冰窖于冬季储冰，春、秋两季储存肉类、蔬果，夏季售冰，一直使用至 1972 年。雪池冰窖最初建有的 6 座窖体，而今尚且存留两座。其余 4 座，则因坍塌而相继改作他用。

恭俭冰窖

与雪池冰窖相似的，便是恭俭冰窖了。依据《大清会典》中的记载，此地是清廷于京师所设立的四处十八座大型冰窖之一。和雪池冰窖等一样，恭俭冰窖由清朝工部管辖，以供宫廷与周边官府的用冰事宜。恭俭冰窖位于恭俭胡同 5 巷 5 号。恭俭胡同即明、清时期的内官监胡同，此名称来自明朝设置于此的内官监署。至民国后，胡同名称中去掉"内"，"官监"因为一时误认为"宫监"，所以谐音为"宫监"，其本义是取《论语》中的"温、良、恭、俭、让"中的"恭俭"二字，从而得名恭俭胡同。恭俭冰窖坐西朝东，屋面为双勾连搭合瓦顶，半地下建筑，由城砖砌筑，墙厚 1 米左右，内部为砖拱结构。

恭俭冰窖内景

北京大学早期建筑群
中轴线上的国家级学府所在地

京师大学堂建筑遗存

位于景山东街的马神庙，如今不再有祭祀马神的庙宇，也没有乾隆朝纯惠皇贵妃四女儿和嘉公主的府邸。那位门第显赫的公主，由于生下来之后，手指之间便有膜相连，呈佛手状，因此被坊间称作佛手公主。要说起来，这也是位红颜薄命的公主了。据史料记载，她是在下嫁福隆安之后未久，便撒手人寰的。彼时，为乾隆三十二年（1767）。福隆安何许人也? 此人乃乾隆朝内阁大学士傅恒之子。傅恒出身名门，他的姐姐是被乾隆帝思念一生的孝贤纯皇后富察氏。据说，富察氏与乾隆帝少年成婚，身姿窈窕，性格恭俭，使得乾隆帝对她"每加敬服，钟爱异常"。富察氏去世后，乾隆帝甚为悲痛。为了筹措皇后的葬礼，好大喜功的乾隆帝不惜耗费巨资，大兴土木，为其建造了至为豪奢的陵寝。

作为富察氏亲侄子的福隆安，受乾隆帝的恩宠，历任兵部尚书、军机处行走、工部尚书，袭封一等忠勇公。乾隆二十五年（1760），福隆安迎娶了乾隆帝四女和嘉公主，而成为傅恒家族新一代的皇亲国戚。作为和硕额驸的福隆安，随后又担任御前侍卫，且参加大小金川之战，勇立战功。大喜过望的乾隆帝，加封福隆安太子太保衔，其画像被置于中南海紫光阁。福隆安的府邸，自然也是规模颇大、等级甚高。就连福隆安与佛手公主的墓地，亦是后辈人关注的焦点。

在此后的百余年时间内，和嘉公主府逐步衰败。光绪二十四年（1898），光绪帝下旨，要在原公主府的基础上兴建京师大学堂。这块校址的面积大致为：东西长四十丈、南北长六十丈。当这座国家级的大学堂初创之际，保守派人物刚毅曾想担任学正，但遭到了群僚的否决。在翁同龢、李盛铎等人的推荐下，吏部尚书孙家鼐成了大学堂的第一任管学大臣，余诚格担任总办，许景澄担当总教习，美国传教士丁韪良成为西文总教习。一些西洋传教士，如李提摩太等，皆成了该校的西文教员。此后，百日维新失败。由于京师大学堂的筹办时间要早于维新变法一个月，创办者又新旧杂陈。于是，"戊戌变法"失败后所带来的"反攻倒算"，并未殃及京师大学堂。

尽管京师大学堂的筹办时间确实早于维新变法，但不能说它与"戊戌变法"无关。可以说京师大学堂"是'戊戌变法'的直接而优先的产物"。京师大学堂是被光绪帝在《明定国是诏》中明确提及的："京师大学堂为各行省之倡，尤应首先举办，着军机大臣，总理各国事务王大臣，会同妥速议奏。"而且，这也是光绪帝公开诏告天下的。

待"庚子国变"突起，时任京师大学堂管学大臣的许景澄，被慈

成立之初的京师大学堂

禧太后下令处死。在随后的一段时日里，无论是义和团，还是八国联军侵略者，皆未放过京师大学堂。"庚子国变"发生后的一年多时间内，俄国占领军入驻学堂，导致此地的图书文物荡然无存。清末"新政"全面展开的光绪二十七年（1901），清廷又下旨恢复了停办一年有余的京师大学堂。秉持"中体西用"思想的张百熙，此时成了新的管学大臣，负责重建京师大学堂的各项事宜。为此，张百熙主持拟定了《钦定京师大学堂章程》，将大学堂分为大学预备科、大学专门分科与大学院 3 级。复校之后的京师大学堂，除了国内的人才培养之外，还向日本与欧美国家派出留学生。光绪三十一年（1905），京师大学堂的师范馆，还专程前往山东烟台等地进行实地考察，从而开创了教学考察之风。

雄心勃勃的张百熙，本打算在丰台瓦窑一带购置 1300 多亩土地，作为扩大以后的京师大学堂校产。万万没想到，在各方面强大的阻力下，张百熙竟不得不因陋就简，只是将马神庙的学校原址加以扩充，在其力所能及的范围内增筑了 120 余间校舍。光绪二十九年（1903），清廷以张百熙喜用维新派人物，且本人是汉人为由，调满人荣庆担任管学大臣，从而对张百熙进行牵制。此后，张百熙的掌校之权丧失。京师大学堂的新政之局，开始渐渐淡去。民国元年（1912），清代学部改为教育部，同盟会元老蔡元培成为教育总长，编译过《天演论》的严复担任了大学堂总监督，京师大学堂的面貌这才有所改观。当年五月，京师大学堂更名为北京大学，并被冠以"国立"二字。这时的四公主府成了北大二院，作为校长办公与理科门的所在地。民国七年（1918），北京大学红楼建成，文学院教室安置于彼。民国十年（1921），北京大学筹办研究所，位于红楼以南、东皇城根北河沿的研究所国学门设立，此处校区被叫作北大三院。

曾经的京师大学堂，是昔日国家教育机构与最高学府合二为一的产物。当科举制度被废除后，本与国子监互不隶属的京师大学堂基本上承继了国子监所辖之事。因此，进入大学堂内"深造"者，皆为新科进士，这就类似于以前的翰林院了。来这里就读的学生，都以进士公自居。大学堂内的教职人员，则称呼这些学生为"老爷""大人"。据说，在上军体课的时候，教师发出的口令都是"大人向左向右转""老爷齐步走"之类，着实令人啼笑皆非。其实，这样的称呼亦算顺理成章，毕竟多数学生的官衔，都是要超过教员的。

在京师大学堂内读书的学生，按照学习成绩的优劣每月领取膏火银，其数额从第一等的二十两至第六等的四两。须知，晚清时期的七品文官（县太爷），薪水亦不过三两七钱。由此看来，在大学堂里当学生确实是个优厚的"差使"。

手头有了钱的学生，自然不会忘记在京城消费。于是，民国初年，坊间出现了"两院一堂逛（八大）胡同"的说法。此"两院"，指的是北洋政府参众两院的议员；这"一堂"，便是京师大学堂了。

那时节的京师大学堂师生，不仅生活上奢侈，而且政治上较为守旧。依照学者任继愈在一篇文章中的说法："辛亥革命前，京师大学堂每月定期向学生宣读《圣谕广训》一次，灌输忠君思想。1913年，已进入民国时代，清朝隆裕太后死了，教育部令各校放假一天；大总统生日，也要放假一天。1915年政府授给北京大学校长胡仁源以'中大夫'的头衔。以上这些事实说明，直到五四运动以前，北大都是汉唐以来'太学'的继续。"

京师大学堂可说是北京大学的前身。除北京大学之外，还有一些学校可溯源至京师大学堂。京师大学堂曾举办速成科和预备科，速成科分仕学馆和师范馆，其中，师范馆即是如今北京师范大学、西北师范大学的前身。京师大学堂开办分科大学，其中的京师大学堂农科大学发展成为今中国农业大学。

京师大学堂遗存

　　而今的京师大学堂所在地，尚存原公主府殿宇建筑一座、清代四合院建筑若干、民国时期建造的十四排中式平房等，曾为高等教育出版社、人民教育出版社等单位所使用。

北京大学红楼

　　位于沙滩东侧路北的北京大学红楼，墙体与屋面的绝大部分皆由红砖、红瓦所建。修筑红楼的时候，乃民国五年（1916）。那时的北大校长是作为新派人物的胡仁源。胡仁源为清光绪二十八年

（1902）的举人。此前，他曾考入南洋公学特班，后留学东瀛，毕业于仙台第二高等学校。随后，胡仁源又赴英国留学，专门学习造船，毕业于英国的推尔蒙大学。在担任北京大学校长之前，胡仁源曾先后担任了江南造船厂总工程师、京师大学堂教员、北京大学预科学长、北京大学工科学长、北京大学代理校长等职。待其卸任北大校长未久，又担任了教育部总长、唐山交通大学（该校几次易名，但一般习惯上称之为"唐山交通大学"。1971 年，学校迁往四川，定址成都，1972 年 3 月，更名为西南交通大学）校长、浙江大学工学院教授等职。胡仁源算得上是一位在政学两界颇具影响力的人物。在其担任北大校长期间，北大学生的人数有了大幅度增加，学校的规模亦不断扩大，各种规章制度不断完善，教育、教学方式也在不断改进。总之，胡仁源所做的整改工作，对北京大学在蔡元培主持下所进行的一系列改革，起到重要的奠基作用，这点很容易被后人忽视。北京大学红楼尚未建成，胡仁源已将北大校长的"接力棒"交到了蔡元培的手中。

北大红楼是在蔡元培担任校长期间建成的，其建筑面积约 1 万平方米，呈"工"字形，包括地下室在内，共有 5 层。建筑东西面宽 100 米，主楼进深为 14 米，东西两翼南北均长 34.34 米。北大红楼的一层为图书馆，设有图书馆馆长兼社会学教授李大钊的办公室；二层为行政办公室，设有北大校长蔡元培的办公室。本层其他房间用作大教室、普通教室等；三、四层皆为教室；地下室用作印刷厂。

作为具有悠久革命传统的一座"红"楼，民国八年（1919）的

五四运动，即以此地作为学生集合出发之地。民国九年（1920），在北大红楼成为北京大学第一院后未久，由李大钊、邓中夏等"北大人"所组织的北方第一个共产主义小组便诞生于此。随后，中共北方局与中国社会主义青年团的机关也设在这里。

民国二十六年（1937），卢沟桥事变爆发后，日本宪兵队队部强占了昔日学生的读书之地。北大红楼的地下室，随即成了关押爱国志士的监狱。抗战胜利后，北大学生在"反饥饿、反迫害、反内战"的运动中，又是以红楼北侧的操场作为集结地，该操场被命名为"民主广场"，此时为民国三十六年（1947）。1952年，北京大学迁往原燕京大学的校址，北大红楼遂相继成为文化部、文物局、中国古建筑研究所的办公场所。在此期间，北大红楼于1961年被列入第一批全国重点文物保护单位名录。1976—1978年，国务院拨专款对北大红楼进行修缮。2002年，此地被建成"北京新文化运动纪念馆"。2021年春，北京市公布第一批不可移动革命文物158处，北京大学红楼列为第一处。

子民堂

位于北河沿大街西侧、北京大学红楼西北侧的子民堂，原为清乾隆朝大学士傅恒的宅第。同光年间，傅恒的裔孙松椿承袭公爵，此府亦被称为"松公府"。民国初，此宅被并入北京大学。民国三十六年（1947），北京大学为纪念前校长、五四新文化运动的领军人物蔡元培，将此宅的西部中间一院改成子民纪念堂（蔡元培号为子民）。子民堂坐北朝南，两进四合院，南有垂花门，门内即为前院，有正殿五间，带月台，殿为灰筒瓦箍头脊，室内为井口天花。另有东、西配殿各五间。后院为七间后堂，东、西各有配廊五间，带座凳栏杆，两边廊中各有屏门四扇。

　　1957 年，中宣部办公大楼建成后，孑民堂垂花门内的大厅被改造成中宣部部长办公会议厅，中宣部的许多决策在此制定。后院的房间被打通，装上彩色壁灯，架上电影机，作为放映室，当时放映电影、开办舞会，以及节日期间进行文娱活动均在这里举行。1962 年，孑民堂和放映室经过重新装修，成为工作人员的居住地。

1935 年建成时的北京大学地质馆

北京大学地质馆与女生宿舍楼

自民国五年至民国十六年（1916—1927），蔡元培担任了近 11 年的北京大学校长。接他班的是另一位民国时代的学者、教育家蒋梦麟。在蒋梦麟担任北大校长期间（1927—1945），民国二十三年至二十四年（1934—1935）由建筑学家梁思成、林徽因夫妇主持设计的北京大学地质馆与北京大学女生宿舍楼，先后在沙滩北街建成。北京大学地质馆的平面、立面均为不对称式，体形随功能要求而变化，西南部嵌有一石，上面镌刻着"中华民国二十三年五月十五日北京大学校长蒋梦麟奠基"字样。北京大学女生宿舍楼的设计，重在使用功能的合理性，建筑形式成为内部功能的自然反映。目前，北京大学地质馆旧址由中国社会科学院法学研究所等机构使用，北京大学女生宿舍则成了中央某部委的家属宿舍区。

中轴线上的那些皇家庙宇

庙宇丛集堪称此类建筑的一个"博物馆"

　　迨至晚清、民国时期，北京城内出现了所谓"五坛八庙"之说（当然，另有一种"九坛八庙"的说法。"九坛"则是组成天坛的祈谷坛、圜丘坛，组成先农坛的太岁坛、神祇坛，加上社稷坛、先蚕坛、地坛、日坛和月坛。在这两种说法之中，地处中轴线附近的是天坛、先农坛、社稷坛与先蚕坛）。此"五坛"乃是皇家御用祭祀的天坛、地坛、日坛、月坛和先农坛。至于"八庙"，则是关岳庙、孔庙、历代帝王庙、昭显庙、时应宫、太庙、宣仁庙与凝和庙。其近于中轴线者，乃太庙、昭显庙、宣仁庙、凝和庙。与之不远者，乃中南海紫光阁北侧的时应宫。在这里，将对"八庙"中的三座，以及敕造（或敕赐）的庙宇进行一番梳理。

普胜寺

在邻近中轴线的南河沿大街南口路西，即昔日的"东三座门"北侧，曾经矗立着一座清初创建的皇家寺庙——普胜寺。这座俗称"十达子庙"的藏传佛教庙宇，始建于顺治八年（1651），庙址原为明代东苑所在地。待到乾隆九年（1744）、乾隆四十一年（1776），普胜寺又进行了两次重修，用来接待蒙古高僧入住。

当清王朝进入风雨飘摇的统治后期，随着"欧风美雨"对华夏大地的不断冲击，30名中国少年最终踏上了留学美国之路。这一年，为同治十一年（1872）。此后，随着一批又一批的中国青少年出洋留学，又伴随着他们从海外归来，以联络感情、交流思想文化为目标的同学会便纷纷成立。及至民国二年（1913），在顾维钧、周贻春、伍朝枢等人的

现已成为欧美同学会的普胜寺

倡议下，此前成立的留美同学会与留法、留比、留德同学会等合并，在北京成立了欧美同学会。欧美同学会于成立之初，在西交民巷租用了一处四合院办公，且开展联谊活动。由于东交民巷使馆区内另有一家"北京俱乐部"，且不允许华人入内，从而引起了欧美同学会成员的强烈不满。诸人便开始募捐集资，以两千银圆的价格购得已然荒废的普胜寺。

民国十二年（1923），由颜惠庆再次发起募捐，筹得资金 4 万余银圆，由同学会会员贝寿同负责设计，将场地内的大会堂、图书馆、游艺室、餐厅、浴室等进行改造，从而奠定了今日欧美同学会的基本风貌。成立之初的同学会，先后由严复、丁文江、詹天佑、胡适、周贻春、蔡元培、顾维钧、梁敦彦等主持会务，这些杰出人士均为该组织的发展做出了贡献。中华人民共和国成立后，又有严济慈、陈岱孙、竺可桢、茅以升等人主持欧美同学会的工作。至今，欧美同学会已经发展成为中国国内规模最大、历史最悠久的归国留学生组织。被改造以后的普胜寺建筑，也极大地体现了中西合璧的特点。

普度寺

位于南池子大街东侧普渡寺前巷的普度寺，总让人产生"养在深闺人未识"之感。其实，这里是元代太乙神坛的旧址，明代则为"东苑"洪庆宫的所在地。其占据的范围甚广，南界至而今缎库胡同，绝非目前的普度寺所能比拟。

及至清军入关之后，昔日的洪庆宫成为摄政王多尔衮府邸，且于顺治年间（1644—1650）俨然变成了清廷的实际统治中枢。这样的日子并未持续多久，随着顺治七年（1650）多尔衮死于喀喇城，其政治地位也一落千丈。多尔衮死后不久，便被剥夺王爵，王府上缴朝廷。在此后的100多年时间内，多尔衮的声名甚为狼藉。直到乾隆四十三年（1778），乾隆帝才为之平反昭雪、恢复名誉。多尔衮的名字才重入"玉牒"，其坟冢亦按照王爵重修，牌位也重入太庙。至于多尔衮的府邸，在康熙三十三年（1694）被缩小规模，其南部改建为缎匹库，北部则改建为玛哈噶喇庙，供奉护法神大黑天。乾隆四十年（1775），庙宇得到重新修葺，并被赐名为普度寺。正殿名为慈济殿，在山门至正殿两侧，保留或兴建了行宫院、方丈院、小佛殿及僧寮等建筑。黑护法佛殿中，尚一直保留着多尔衮用过的甲胄、刀剑、弓矢等遗物。

及至清乾隆朝，作为与普胜寺齐名的皇家寺庙，普度寺的建筑规模甚为庞大，建筑物亦宏伟壮观，殿宇内的藏传佛教造像皆不同寻常。从山门处北行，两旁古松林立，风景极美。据文献记载，明成化朝建造的七宝塔座（模型），就被放置于普度寺之内，一直保留到清代中叶。这尊木雕加漆的七宝塔座，曾被视为正觉寺金刚宝塔的样本。

普度寺整体建筑于平均高约3米的砖砌高台上，周围建宇墙。此台即明洪庆宫的寝宫部分基座。砖台正中有台阶，正对山门。山门面阔三间，进深七檩，大式硬山顶，绿琉璃瓦，调大脊，安吻兽，墙体刷红。正面明间辟白石拱门，两次间为装饰性白石拱窗，石雕仿木菱花扇；背面出廊，金步明间装板门，两次间白石券窗同正面。室内彩画保存良好，为金龙和玺式，等级甚高，应是睿亲王府时期遗物。但建筑形制为佛寺山门，屋顶琉璃等级高于正殿，可能是王府改为佛寺后，对外观进行了改动。

　　普度寺现存的正殿（慈济殿），建于石须弥座上，但殿身并未占满全座，座之比例及雕刻均有明代特征，可证此座仍是明洪庆宫寝殿原有台基，后建大殿缩小了规模。殿身面阔七间，进深三间，前出抱厦面阔三间，进深一间，全殿外加周围廊。主殿单檐歇山顶，调大脊，安吻兽，削割瓦绿琉璃剪边；抱厦卷棚歇山顶，绿琉璃瓦黄剪边。全

普度寺大殿

殿廊内砌砖墙，正面、山面开大支窗，下肩饰六方绿琉璃砖。殿内东部隔出二间内室。外檐出檐为三层椽，无斗栱，在柱头装饰兽面木雕，雀替形式特殊，室内彩画还有不少博古题材，整个建筑具有明显的关外满族宫室特征，可断定此殿是顺治初年新建的王府大殿，抱厦用瓦等级高于主殿，可能是乾隆朝新加。抱厦内东南角有一石砌圆坑，直径 4.8 米，深 1.5 米左右，北面有石阶可下至坑底。坑口周边有八组石雕图案，雕刻水波神仙怪兽，其用途及雕刻题材尚待考证。但如果抱厦为后建，则此石坑原在室外，其用途可能是满族萨满祭祀的设施。大殿之西尚存方丈院北房五间，七檩前出廊，硬山筒瓦过垄脊。

　　普度寺于清末至民国时期为军队或其他机构所使用。仅山门、正殿、方丈院等保存较好，其余建筑或拆或改，皆已失去原貌。中华人民共和国成立后，普度寺的中路部分为小学使用，周边入住居民，并新建了大量房舍。2002—2003 年，政府出资动迁小学与住在普度寺庙址内的 168 户居民，全面修复了台基、正殿、山门与方丈院北房。其余房屋基址，在获得考古资料后回填保护，进行绿化，成为居住小区内的公共活动场所。

宣仁庙

　　位于北池子大街东侧的宣仁庙，为祭祀风神之用的皇家庙宇。这座始建于清雍正六年（1728）的敕造建筑，其规制是仿效中南海内的时应宫（于清雍正二年建造，实乃祭祀龙神之地。20 世纪 50 年代在中南海改造时被拆除），赐号"应时显佑"。嘉庆九年

（1804）重修。2003 年，政府对宣仁庙的山门、钟鼓楼、前殿进行修缮。2004 年，又对正殿、后殿以及其他建筑进行修葺。

而今的宣仁庙，街门为大型随墙门，坐东朝西，是后来改建的。庙内殿宇皆坐北朝南。庙门内有一琉璃砖砌影壁，绿琉璃瓦顶，下有石须弥座，金边宝相花纹。庙门三间，歇山顶大脊，黄琉璃瓦绿剪边，明间为券门，其上嵌"敕建宣仁庙"石额，两侧开石券窗，檐下施单昂三踩斗拱，旋子彩画。庙门东西两侧有琉璃八字墙。钟鼓楼为歇山顶调大脊，黄琉璃瓦绿剪边，檐下施单昂三踩斗拱。上层用障日板开云形窗，檐下施一斗二升出蚂蚱头斗拱。献殿三间，面阔 10 米，进深 6.2 米，屋顶为歇山顶大脊，黄琉璃瓦绿剪边，殿内梁及大额枋绘旋子彩画。上述建筑均经过了修缮。内墙已无，两侧寮房已改建。享殿三间，面阔 14.4 米，进深 11.8 米，歇山顶大脊，黄琉璃瓦绿剪边，檐下施重昂五踩斗拱，旋子彩画。殿前石级中为御路，汉白玉石上雕龙纹。殿内为井口盘龙天花，大梁绘和玺彩画。寝殿五间，歇山顶大脊，黄琉璃瓦绿剪边，单昂三踩斗拱，旋子彩画。寝殿两侧有三开间的朵殿，硬山灰筒瓦，五檩卷棚带前廊。西朵殿已改建，东朵殿尚存。

凝和庙

位于北池子大街东侧的凝和庙，在坊间被称为"云神庙"。这是一座效仿宣仁庙规制而建的祭祀云神的皇家庙宇，其始建于雍正八年（1730）。由于距离紫禁城较近，清中叶之后的外埠官员，经常于此

业已成为北池子小学的凝和庙

寓居，以图方便。

　　凝和庙的山门坐东朝西，面阔三间。门内有一座琉璃砖砌大影壁，居于石雕须弥座之上。虽然山门朝西，但凝和庙内的建筑布局却是坐北朝南的。其主要建筑依次为钟鼓楼、献殿三间、正殿五间、后殿三间。

而今的凝和庙主要建筑有钟鼓楼及四层大殿。山门内有琉璃砖大影壁，上覆琉璃瓦顶，长 22.9 米，厚 0.95 米，建在石须弥座上。山门三间，面阔 16.8 米，进深 6.6 米，歇山调大脊，黄琉璃筒瓦绿剪边，外檐单昂三踩斗拱，平身科四攒，山面六攒，旋子彩画，彻上明造，五架梁，内檐单翘斗拱。钟鼓楼为重檐歇山顶，上檐为一斗二升交麻叶头，下檐为单昂三踩斗拱，平身科四攒，旋子彩画，黄瓦绿剪边，方形，每边长 4.6 米。前殿三间，面阔 10.9 米，进深 6 米，黑琉璃筒瓦绿剪边，硬山顶调大脊，单昂三踩斗拱，平身科四攒，山面六攒，旋子彩画。正殿三间，面阔 14.4 米，歇山顶调大脊，黄琉璃筒瓦绿剪边，重昂五踩斗拱，平身科五攒，前后单步梁，和玺彩画，六抹方格玻璃门窗，盘龙井口天花，殿前石级中为御路，汉白玉石上雕龙纹。后殿五间，面阔 18.4 米，进深 8.5 米，黄琉璃筒瓦绿剪边，顶为歇山调大脊，单昂斗拱，平身科六攒，次间四攒，六抹方格玻璃门窗，内檐为单翘三踩斗拱，井口天花。后殿东西两侧为朵殿，东、西均为三间，大式硬山顶灰筒瓦箍头脊，面阔 10 米，进深 6.4 米。

及至民国时期，凝和庙早已不再用于祭祀和寓居，被改成小学，而今为北池子小学的教学用地。虽然钟鼓楼、献殿已然无存，但山门、正殿、后殿，以及殿前的御道依然被留存了下来。

昭显庙

居于紫禁城筒子河西侧的北长街上，还有一座供奉雷神的昭显庙。这是一座基于明、清时期京师多雷雨之现实而建造的。据说，在有明一代，于紫禁城内至少发生过14次雷击建筑物且引发火灾的事件。这些事件，大体出现于明永乐十九年（1421）、正统八年（1443）、正统九年（1444）、景泰三年（1452）、弘治三年（1490）、正德十六年（1521）、嘉靖十年（1531）、嘉靖十六年（1537）、嘉靖二十八年（1549）、嘉靖三十六年（1557）、嘉靖三十八年（1559）、万历三年（1575）、万历二十二年（1594）、崇祯十六年（1643）。雷火击毁过包括三大殿、西华门、承天门在内的一系列紫禁城之门面建筑。出于防火之目的，雍正帝才会于雍正十年（1732）下旨建造昭显庙。至于为何建庙于北长街之上，大概是出于两点考虑：一是京师的雷雨多发生在西北方向。而北长街即在紫禁城的西北方向，正好与雷雨频发处一致；二是明、清两代传言"北长街乃京师龙脉"，而"龙能生水，水能克火"。但即便有昭显庙内的"雷神"坐镇，紫禁城之火情亦从未消失过。待乾隆四十八年（1783），皇宫大内又一次遭遇雷击。据说，此番雷电是在击毁西华门北角楼之后，竟奇迹般地绕开高大宏伟的太和殿，转而击毁了比太和殿矮小许多的体仁阁。此次雷击之后，乾隆帝大为震惊，认为此乃上天对他的某种警示。于是，清廷对于昭显庙的祭祀活动便有所强化。民国时期，已然衰败的昭显庙，又被用来作为北京教育会的会址。民国十四年（1925），在第一次国内革命战争期间，由共产党与国民党左派人士联合召开的"国民会议促成会全国代表大会"在此举行，会议宗旨乃是"召集国民会议，反对军阀统治"。至中华人民共和国成立后，昭显庙为北长街小学与国务院老干部局所使用。原有的建筑，仅存有影壁和后殿等。

福佑寺

在昭显庙的北侧，另有一座等级更高的皇家庙宇，名为福佑寺。这是一座建造于顺治年间的建筑，曾做过康熙帝玄烨幼年避痘的居所。玄烨出生于顺治十一年（1654），他染上天花的时间，大概是三四岁的时候，也就是顺治十四年至十五年（1657—1658）。顺治帝因天花去世后，已具备了免疫力的玄烨，于顺治十八年（1661）登基。康熙帝离世的次年，继位的雍正帝将此宅邸赐给了康熙帝的宠孙弘历，此时为雍正元年（1723）。被册封为宝亲王的弘历，并未在新王府中居住过。雍正帝病故后，由弘历君临天下，是为乾隆帝，这座"未曾住过亲王的亲王府"，最终被改建为庙宇，并赐名为福佑寺。此庙，与雍正帝登基前居住过的雍亲王府一样，成了一座藏传佛教的皇家庙宇。

福佑寺坐北朝南，共三进院落，建制类似雍和宫，黄瓦朱垣，重檐翘角，颇为壮丽。主要建筑有山门、天王殿、大雄宝殿、后殿、东西配楼、耳房、后罩房等。大雄宝殿为主殿，其殿脊中央立一西藏式琉璃佛塔，平添了宗教气氛。后殿内曾供奉"圣祖仁皇帝大成功德佛"牌位，后移至紫禁城内喇嘛教佛堂雨花阁楼上供奉至今。曾有说法，认为该寺于清初曾祭祀雨神，所以称之为"雨神庙"。周汝昌曾在《北斗京华》中指出，由于20世纪60年代以前，福佑寺牌坊上的匾额刻有"泽流九有"4字，故引起后辈人的误解，认为此地乃"雨神庙"。其实，这4个字是在颂扬康熙帝仁政，而福佑寺内并未进行过祭雨活动。

因皇家寺庙之故，福佑寺从不接待香客施主，平时各殿均上锁。

福佑寺

大雄宝殿内建有重檐八角亭一座，亭内正中供奉着用纯黄金铸造的文殊菩萨，冠上镶有硕大的五彩宝石。相传乾隆帝曾得梦自己是文殊菩萨的化身，供文殊菩萨于一个独立亭子之中，故称"文殊亭"，这在北京乃至中国寺庙中是独一无二的。天王殿内供奉着顶天立地的四大金刚坐像，佛像画工十分细致，眉毛和胡须历历可见。四大金刚坐像被描绘得如此细腻且霸气者，京内亦独此一家，几百年来保存完好。

乾隆五十一年（1786），青海塔尔寺的十七世阿嘉活佛奉旨管理该寺事务。民国八年（1919），青年毛泽东曾率领湖南驱逐军阀张敬尧代表团来京，并在此暂住。民国十六年（1927）九世班禅来京，此寺遂改为班禅驻北京（1928年后为北平）办事处。内有喇嘛驻锡梵修，其食用开销由雍和宫拨给。此后，凡进京的蒙藏地区佛教徒，常至此朝拜班禅，求其摩顶祝福。直至 20 世纪 60 年代初，这里一直为班禅驻京办事机构。

1984 年，福佑寺建成中国民族博物馆，收藏与民族文化有关的文献、影视、民族文物等资料。

万寿兴隆寺

作为明代兵仗局佛堂的万寿兴隆寺，其名称由康熙帝所取。这座坐西朝东的清代敕建寺庙，在它最为风光的年代里，规模很大。万寿兴隆寺的西墙至中南海，北面到庆丰司，南边接后宅胡同。康熙二十年（1681）、康熙二十八年（1689）的两次重修之后，其房舍达到了两千余间。在兴隆寺内，有东向大殿两进，南向大殿四进，每座殿堂皆有配殿。康熙三十九年（1700）被赐名万寿兴隆寺以后，该庙逐渐成为当朝宦官寄托后事、养老送终的地方。一直到清王朝结束，甚至到中华人民共和国成立初期，这里一直是"白头太监闲话玄宗"的所在。

嵩祝寺与智珠寺

景山公园东侧不远处，位于北京大学早期建筑群的东北方向，有一排"养在深闺人未识"的清代皇家宗教建筑。此乃呈东西排列的三座庙宇：东侧为法渊寺，中间为嵩祝寺，西侧是智珠寺。这样一组三庙横

朴实无华的智珠寺建筑

向关联的宗教建筑群，在京城并不多见。（居于北京外城的江南城隍庙，乃是关帝庙、城隍庙、天齐庙三者并联，与嵩祝寺建筑群相仿。）

　　提及嵩祝寺建筑群，或许得从清代的民族与宗教政策说起。满蒙民族是崇信藏传佛教（喇嘛教）的，地位甚至超过了萨满教。坊间有所谓"明修长城清修庙"的说法。有清一代，修筑庙宇除了宗教目的之外，还有更深一层的原因——维护边疆统一。信奉喇嘛教者，几乎遍布中国的东北（满洲人）、正北（蒙古人）、西北（北疆地区的蒙古人）、西南（藏人）地区。在古代中国，稳定了蒙古与西藏地区，就等于基本消除了威胁中原王朝安全的最大隐患。这种以宗教作为纽带巩固统一的方式，实乃清代统治者的明智之举。

在清代喇嘛教体系中，呈现出主流派系格鲁派四大活佛"各管一摊"的局面。这四大活佛分别为驻锡拉萨布达拉宫、管理前藏事务的达赖活佛；驻锡日喀则扎什伦布寺、管理后藏事务的班禅活佛；驻锡外蒙古库伦庆宁寺、管理漠北事务的哲布尊丹巴活佛；驻锡内蒙古多伦诺尔善因寺、管理漠南事务的章嘉活佛。其中，管理漠南事务的章嘉活佛，也担负着掌管京师、盛京、甘肃、五台山等地的格鲁派寺院之责。嵩祝寺是清廷于皇城之内赐予章嘉活佛进行梵修的重要场所，因此显得格外重要。

章嘉活佛之所以会得到清廷的赏识，当然有其不可替代的重要原因。二世章嘉活佛，曾于康熙三十六年（1697）受命赴青海，说服当地蒙古各部首领进京朝觐并接受册封。这件事为康熙朝平定准噶尔部噶尔丹叛乱，起到了至关重要的作用。因此，自二世章嘉活佛开始，后来的历代活佛皆被清廷册封为灌顶国师，并主持京师、山西、内蒙古等地的格鲁派事务。首次受封之时，为康熙四十四年（1705）。二世章嘉活佛经常往来居住于帝都与多伦诺尔的汇宗寺，待其去世后，国师封号由转世活佛继承。

雍正二年（1724），雍正帝特命年仅8岁的三世章嘉活佛入宫，以陪伴年方14岁的皇子弘历读书。莫说"陪太子读书"只是应付差事，三世章嘉与弘历的确是一对互学互助的好同窗。别看三世章嘉长相"其貌不扬"，但其博闻强识，对藏地与中土佛教经典大多能"倒背如流"。如此才华，势必得到雍正帝父子的高度赏识。为此，雍正帝于雍正十一年（1733）特为三世章嘉建造了嵩祝寺（并不是而今的位置），赐其长期居住。由于弘历与三世章嘉的"同窗"之谊，使其经常向三世章嘉探讨佛法。

当然，三世章嘉并不只是御用"清客"，他在政治方面的才能是继位后的乾隆帝所看重的。乾隆二十一年（1756），以唐努乌梁海地区为中心的和托辉特部首领青衮杂卜发动撤驿之变，倒反大清。三世章嘉以"只言片书"协助乾隆帝平叛，在唐努乌梁海归属大清版图方面立下大功。此事令乾隆帝甚为满意，且对这位"同窗"更加信赖。乾隆三十七年（1772），乾隆帝下旨，将嵩祝寺迁往昔日刻印藏传佛教经文的番经厂与印制汉地佛经的汉经厂旧地，并将庙宇修筑得宏伟壮观。（据说，在法渊寺内，曾经留存着明代内阁大学士张居正所撰写的《汉经厂记》碑刻。）

由于乾隆帝的高度重视，使得嵩祝寺建筑群堪与雍和宫比肩。就在这座规模庞大的寺庙之内，中路建筑（也就是嵩祝寺）乃三世章嘉居住之所；东路（法渊寺）、西路（智珠寺）则为三世章嘉的随员住地。嵩祝寺的整体格局坐北朝南，自山门殿起，由南向北依次为天王殿、正殿、宝座殿、后楼。法渊寺的布局依次为山门殿、无梁殿、正殿、后殿。智珠寺的布局则为山门殿、天王殿、重檐四方殿、后殿（此殿亦称净身殿）、后楼。

如此高等级的庙宇虽然建成，但三世章嘉却忙得无暇消受。乾隆五十一年（1786），70岁高龄的三世章嘉于五台山圆寂。据说，乾隆帝为纪念自己的这位"同窗"好友，以7000两黄金打造了一座镶嵌无数珍宝的金塔，且将三世章嘉的灵骨安放于内，并将其置于地下石窟之中。随后，又在石窟上面建造了高大的墓塔，以供后人瞻仰膜

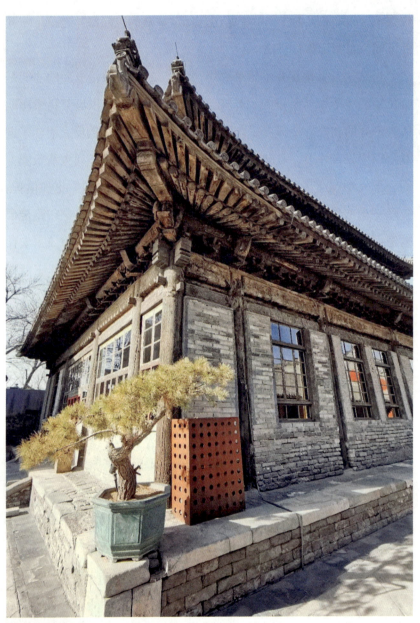

智珠寺地位的佐证——壮观的重檐四方殿遗存

拜，这便是五台山镇海寺的章嘉活佛塔。

中华人民共和国成立后，早已破败的嵩祝寺、法渊寺、智珠寺相继被拆改。1956年，嵩祝寺、法渊寺的影壁被拆除，空出地方用来建设某部委宿舍楼，从而造成嵩祝寺、法渊寺前广场全部被占。20世纪50年代末，嵩祝寺被北京市盲人橡胶厂占为厂房。70年代，无线电九厂、无线电十一厂合并，自崇文门外迁至嵩祝寺，北京市盲人橡胶厂搬走了，成立了北京东风电视机厂。该电视机厂将嵩祝寺的天王殿、钟鼓楼，法渊寺的全部建筑拆除。嵩祝寺的天王殿、钟鼓楼原址被建成生产车间，法渊寺原址被建成组装车间。此后，该电视机厂又占用了智珠寺的前殿及西配殿。1991年，北京东风电视机厂区迁至海淀区塔院，嵩祝寺、法渊寺、智珠寺的一部分区域被牡丹集团下属单位占用。如今，嵩祝寺的中路南侧及东路南侧建筑均已无存，中路主要建筑仅余正殿、宝座殿、藏经楼。自五六十年代起，嵩祝寺及智珠寺一直被各单位占用。80年代，为落实宗教政策，国家将嵩祝寺、智珠寺归还给北京市佛教协会，但占用两寺的相关单位并没有撤出。

1984年，嵩祝寺及智珠寺被公布为北京市文物保护单位。1995年，嵩祝寺获得修缮，共修复殿堂21座，此次修缮任务由北京市房修二公司承担。1996年6月，在寺内发现清代中期的绝版古建筑彩画，色彩仍然鲜艳。自2007年起，智珠寺得到大规模修缮，这一过程持续到2012年。据说，在智珠寺修复期间，其43000多块棚顶瓦片均被手工清洗或更换。每一块砖瓦、每一根柱子都被拆下来重新编号，成千上万的砖瓦木料按顺序排放。这种修复方法要比全部拆掉再用新材料按旧图纸重建的方式更费时费力。

地安门

从"天界"走向"人间"的中轴线建筑

地安门内大街建筑

站在景山万春亭上北望，近处是黄瓦红墙一片灿然的寿皇殿区域；目光迈过这片区域，是笔直的地安门内大街、地安门外大街，北头的端点是巍巍的鼓楼与钟楼；再往北远眺，安定门至德胜门一线（即北京老城垣）的北郊大地苍茫无垠，天气好的时候，北部山陵连绵横亘，没入云天……

让我们的视线回到景山北麓，寿皇殿区域之北。景山后街与地安门内大街，构成了一个东西稍短些、南北略长些的"T"字形广场。作为其中一竖的是地安门内大街。在并不很宽的街面东、西两侧，曾建有头顶覆盖黄瓦的红墙，被称为"黄瓦墙"；于红墙的大体中间位置各开一门，被称为东、西"黄瓦门"。东黄瓦门以东的胡同被俗称为"黄瓦门"（后讹传为"黄化门""黄花门"）街。西黄瓦

近前是地安门外大街，远处可见现已拆除的地安门，再远处是景山

门以西的胡同，由于通往明代内官监所管辖的"米盐库"（晚清改称"米粮库"），故叫作"米盐库"（米粮库）胡同。

地安门内大街东侧的黄化门街（光绪朝称东黄瓦门，1947 年称黄化门大街），占尽了靠近皇宫的优势，是皇宫后勤的"大本营"，为皇帝、太子、亲王制作龙袍、冠冕等服饰的尚衣监，管理皇宫事务、提供门禁设施、负责奏章递转的司礼监，以及宫用帘子、箧席、地毯制办的司设监等，皆设于此。清末大太监李莲英曾在此地建有私宅。

地安门内大街西侧的米粮库胡同，可以说道的东西似乎更多。皇宫的服务机构，内官监（即而今的恭俭胡同）及其下属"油漆作"、"大石作"和"太医院"等，分处于横纵的若干条胡同内。居于米粮库胡同东口外、西黄瓦门往北的一截红墙，倘若说"这截墙曾被私人买下来过"，不知会有多少人相信？但是，历史还真是这样出乎人们意料：民国十年（1921），京都市政公所整修大明濠（北起西直门内的横桥，向南流经今赵登禹路、白塔寺路口、太平桥大街，折向东经而今三十五中门前，再南折经民族饭店西侧，穿越今复兴门内大街，再沿佟麟阁路走向，向南从宣武门以西的象房桥下，也就是而今新华社西侧，流入内城南城墙外的护城河，全长 10 千米。在清末民初，已经完全沦为一条排水沟），主事者拆除皇城砖用来铺设濠面以成"盖板河"。此时宅邸位于红墙之内的民国著名文人陈宗蕃，出资买下了宅院东侧的一截红墙，从而使明初建成的这段皇城城垣被保存了下来。民国二十四年（1935）中，陈宗蕃的《燕都丛考》问世，且于 1991 年被列入"北京古籍丛书"排印出版。借着探访中轴线上建筑的机会，笔者推荐读者们阅读一下此书，定会对了解老北京文化大有益处。

明代的内官监下设 10 个具体的工艺机构，被称为"十作"，即木作、石作、瓦作、搭材作、土作、东作、西作、油漆作、婚礼作和火药作。在这"十作"之中，油漆作容易起火，所以距离紫禁城较远。火药作最易起火爆炸，于是距离大内更远。只有石作比较安全，且石料运输不便，因而距离大内最近，与紫禁城仅隔着一条筒子河。这石作所在的街巷，便是大小石作胡同了。大石作，主要承接宫廷建筑的石料制品；小石作，则为皇家苑囿建筑的石料提供者。明、清两代的全部皇家建筑，但凡涉及石墓、石阶、石狮子、华表、望柱、栏板、丹陛等，皆由石作来办。其范围，大到御道铺石，小至金石篆刻。昔日的御用石材比较讲究，作为大型观赏石材，多出自太湖，少部分则源于云南大理；皇家御路与桥梁之石，则来自北京西山（主要是北京房山大石窝），且以大青石、花岗岩为主。对于建筑石材而言，基石至关重要。一般的大型石材，皆为直接运送入宫后再进行雕琢。然小型的石材（建筑小品所用石材），则先行运到石作进行加工，待雕琢完成之后，再送至宫内安装。

东西南北的四座雁翅楼

侯仁之主编的《北京历史地图集（政区城市卷）》中的《明北京城》（万历至崇祯年间，1573—1644）、《清北京城》（乾隆十五年，1750）、《清北京城（二）》（宣统年间，1909—1911），这三幅地图科学性、可信度甚高。比如，第二幅地图中的编者说明：《乾隆京城全图》高 14.01 米，宽 13.01 米，比例尺为 1：650。《北京历史地图集》根据乾隆十五年（1750）《乾隆京城全图》缩绘。缩绘时已据实测图进行校正。这样的说法不一而足。好了，还是回到中轴线的话题上来。请读者朋友们凝神谛视：三幅地图中的"景山北侧至地安门南侧"这片区域内，于景山后街的一横，与地安门内大街的一竖，其所构成的"T"字形路面上，有两段非常值得留意：

其一，在地安门内大街的南端路东与路西，且与景山后街相交接的拐弯处，出现了东边为"L"曲尺形，西边则为反"L"形的两块色标。这里的两道竖，北端起于前面提到的东、西黄化门的门口。垂直下来的显然要更长一些的部分，抵到景山后街的北沿。此处的两道横要比竖短许多，且被分别拖入景山后街中心点的东侧与西侧。

其二，在地安门内大街的北端路东、路西，各呈"｜"形的两块色标，直逼到皇城北垣的墙根下。

这里先后提到的"两块色标"，是相对于它们旁边的街道胡同、房舍建筑（皆为浅黄色）而言的。它们采用的是杏黄色。须知《北京历史地图集》中的色标，以杏黄色来标识"职能机构"，其他颜色如浅黄、淡绿、云灰色等来标注"苑囿""王府""坛庙"等。既然这两段皆为"职能机构"，其北端一段乃是众所周知的雁翅楼，而南端的两块曲尺形部分又当为何？实际上，这也是雁翅楼。由此看来，昔日的雁翅楼并不止两座，而是四座。

为了进一步"坐实"这一结论，我展开了手边经常翻阅的另一幅历史地图：由位于"杨梅竹斜街路南"的中华印刷局印行的《最新北

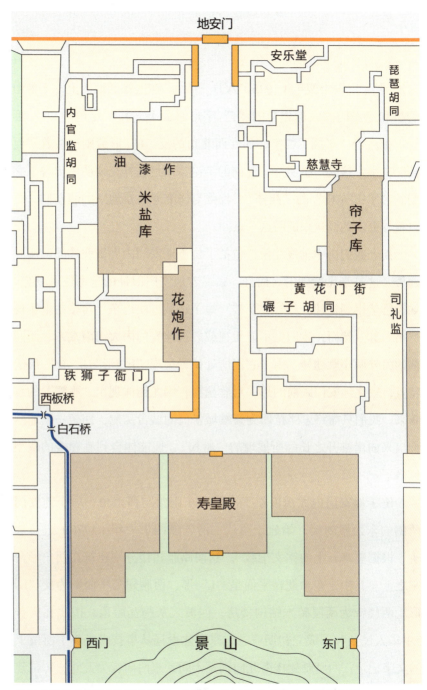

根据《清北京城》(乾隆十五年，1750) 绘制的地安门内大街示意图

京地图》[民国十四年（1925）八月三版]。在这张老地图上，于景山后街和地安门内大街相交的"T"字形路面上，其东北角的"L"形旁，标注着"东楼"二字；而在西北角的反"L"形旁则标注着"西楼"二字。这既"坐实"了此前的结论，而且在补充说明中出现了它们的名字："东楼"与"西楼"。收藏与研究老北京地图的朋友们，可以找寻更多的线索来证明这一点。

而今我们讲中轴线北段，包括了位于地安门内大街北端的两座雁翅楼，这是毫无疑问的。而且，紧靠着地安门旧址的这两座雁翅楼，如今已然得到复建。尽管"东楼"短了一截，使得东、西楼并未实现严格对称。然而，我们更不能无视或忽视地安门内大街南端东、西两侧的另外两座雁翅楼。由于它们所处位置呈现"L"形与反"L"形的特点，较之地安门跟前的那一对雁翅楼，则尤能体现出"雁翅"的意味来。我们只需将思路拉回到紫禁城午门的城台两侧，回想一下那延伸出来向南排开之长廊所展现的"雁翅"，便能体会到雁翅楼的造型风格了。

位于地安门内大街南端丁字路口东南角与西南角、居于地安门两侧的东西雁翅楼，始建于明代，清乾隆四十一年（1776）进行加筑（根据奠基石上的铭文记载）。这两座雁翅楼分别建筑在拐角形台座之上。其中，东雁翅楼平面呈"L"形，西雁翅楼平面则为反"L"形。两楼皆为两层砖木结构楼房，四坡式灰陶瓦屋顶。按照孔庆普（中华人民共和国成立初期曾在北京市建设局从事技术工作）所留下的文字记录：两座雁翅楼南北向都是十间，东西向皆为五间，每栋建筑有十四间。南北向是每三间一通连儿，中间有门，边间为窗户。两

这是复建后的地安门内大街北端东侧的雁翅楼，目前归中国书店使用

　　楼的后廊下有三处单跑木楼梯。在两座雁翅楼的后面，均有一座大院子，院内种植着槐树、桑树与丁香等，中间各有一口水井。

　　中华人民共和国成立前夕，这组建筑尚且保留，并作为北平市工务局所辖设施使用。东雁翅楼为工务局工程总队第一、第二队住所；西雁翅楼则是警察局所在地。1953年4月后，这两座雁翅楼被拆除。

2004 年，市政协委员提出了关于复建地安门的提案。2005 年，多位文史学家提议复建地安门及雁翅楼。2012 年，北京市启动"名城标志性历史建筑恢复工程"，雁翅楼复建工程便是其中一项。2013 年 5 月，地安门内大街北端的雁翅楼复建工程启动。2014 年，该项目初步完工。

复建后的雁翅楼，东楼四间、西楼十间。总建筑面积 1041 平方米，每间房长 4.66 米，面积大约 30 平方米。建筑外观主体为红色。顶部采用黑布瓦（古建筑中的小青瓦，一般用于庙宇、殿堂等），瓦下绘制有牡丹、祥云等图案。雁翅楼每间房的正面由格子窗相连，楼内以乳黄色为主。

位于地安门内大街南端的两座雁翅楼，1953 年 4 月由建设局工程队拆除，拆除时发现地基拐角处筑有一块奠基石，上镌"大清乾隆四十一年孟秋吉日"。也就是说，1776 年 7 月，乾隆时加筑的地安门雁翅楼工程。待拆除两楼之后的 1954 年，由建筑大师陈登鳌（1916—1999）主持设计的地安门内大街南侧 40 号楼、41 号楼皆高质量地被迅速建造起来，且为时人称为"中轴双塔"。而今，从景山万春亭往北眺望，两座雁翅楼仍是十分抢眼的近现代建筑。

地安门

地安门是皇城北垣之正门，南眺景山，北望钟鼓楼。此门始建于明永乐十八年（1420），原名北安门。清顺治九年（1652）重建，改称地安门。因元大都宫城北门曾叫厚载门，所以有人把此名沿用下来，将北安门或地安门称为"厚载门"。就其所在位置而言，地安门属于皇城后侧（北侧）的大门，民间常以"后门"称之。

在此需补充一点，东安门、西安门并不是与北安门（地安门）同时期建造的。东安门始建于明宣德七年（1432），较北安门晚12年；西安门则始建于明永乐十五年（1417），较北安门早3年。3座城门虽说是先后建成，然其皆遵循相同的建造图纸，它们所呈现出的"相貌"可用"孪生"二字来概括。今天有人拿出这3座城门的老照片时，很容易将三者搞混，其原因就在这里。

此外，尚需提示一下读者：按照北京城主要建构"东西对称"的原则，世人常以为东安门与西安门必是以皇城的中轴线为轴，从而形成严格对称关系的。其实不然！紫禁城的西侧不是有个"珍贵"的"内三海"（北海、中海、南海）吗？若是以中轴线为轴，则皇城的东半部要比西半部略窄一些。又因为要"照顾"金鳌玉蝀桥（跨越北海与中海之间）以西延长线上所建造的西安门，所以西安门会比东安门往北偏不少。许多游人站在紫禁城的东华门外，知道东侧不远处便是东安门旧址所在地（目前已规划为街心公园），但在紫禁城的西华门外却根本找寻不到西安门旧址所在。游人首先遇到的是中南海的东门（即西苑东门），此时绕路朝西、往北，才能找到西安门的老地盘。

地安门是砖木结构的宫门式建筑，面阔七楹，单檐黄琉璃瓦歇山顶，中央三明间，方形门廊辟为通道，设朱红大门三对扇，左右各留两梢间为值房。

地安门外，东有南锣鼓巷居住区，西有什刹海风景区。这两个地带的王府、巨宅，以及居住在此的达官显贵自是不胜枚举。被呼为"北衙门"的九门提督步军统领衙门，就在地安门北一里地处。在京的朝中要员与外埠进京办事的大员，多在地安门附近居住。他们所图的，是由地安门出发，绕景山山麓至神武门的上朝路线之近便。选择这条路线的官员人数颇多，每逢上早朝之时，地安门门洞外，北从钟鼓楼方向而来者，东、西两侧由皇城北墙根的狭路向内集聚者，华轿连连，车轮滚滚，马声嘶鸣，一时间从三面涌来，竟出现轮毂相击叉车的景象。

光绪二十六年（1900）"庚子国变"之际，日本军队由朝阳门攻入北京，一路烧杀抢掠，攻占至鼓楼城头。守卫皇城的部队在地安门与侵略者展开了殊死拼杀。日本兵于地安门外大街两侧的铺面房顶向下射击，清军则完全暴露在毫无掩护的街巷之上。在枪林弹雨之中，清军士兵伤残惨重，用血肉之躯筑起了一道保卫清室皇族顺利出京的防线。

北京历史文化研究者张次溪曾回忆起昔日地安门外大街的荒芜衰败景况："（地安门外大街）向皆土路。土道皆高于便道数尺，两旁屋宇多在其下。土厚辙深，车过尘扬，不能睁目。"这是因为商户住家皆以煤火取暖，炉灰尽往街面倾倒，而市政管理部门又存在渎职、低效等现象所造成的结果。

2012年6月，北京市东城区委、北京晚报社、东城区图书馆与北京出版社结集而成《我与中轴线》一书。在书中，长期居住在地安门一带的老住户，深情回忆起地安门昔日的风貌，小孩子们如何

20 世纪 50 年代初的地安门

于街边观看骆驼队，夏季的傍晚又是如何在地安门门洞处乘凉等，很是感人。

　　1954 年 11 月，为改善地安门附近的交通状况，市政部门将地安门进行拆除。由于以梁思成为代表的社会知名人士对拆除地安门存在质疑，有关部门遂于 1955 年将地安门拆除所得的门窗、柱子、过梁、柁、檩等构件编号造册，并连同砖石及琉璃瓦等构件运往天坛，计划在天坛内坛北侧原样复建地安门及雁翅楼。后来由于天坛内坛发生火灾，堆放于此的地安门及雁翅楼建筑木质构件全部被烧毁，复建地安门和雁翅楼的计划遂终止实施。拆除所得的建筑材料后来用于修建天坛北门。

后门桥

见证着京杭运河与北京城市发展历史的中轴线古桥

位于中轴线与京杭大运河水道交汇处（什刹海流入玉河处）的后门桥，规模并不算大，桥长约 34.6 米，宽约 17 米。在数十年前，曾经架设在什刹海以南玉河河道上的，还有拐棒胡同桥、雨儿胡同桥、东不压桥、东板桥、头道桥、二道桥、箭亭桥、箭亭南桥、嵩祝桥、汉花园桥、骑河楼桥、玉河北桥、玉河中桥、玉河南桥等等。

在蒙、元时期访华的意大利人马可·波罗的最初印象里，与波光粼粼的海子（什刹海）相伴随者，只有一座蒙古至元四年（1267）建成的木质架构海子桥。见证过此木桥的，是而今后门桥东北角的石质镇水兽。海子桥附近的泊岸，是元大都内最早的一处由木质改为石质的泊岸。元至元二十九年（1292），随着通惠河工程的完成，木质海子桥亦被提升为石质桥梁。

明代的后门桥，一如元代重建时的面貌，无甚可表。根据坊间的

后门桥（万宁桥）

说法，在明永乐朝，于后门桥下曾经埋入"石鼠一只"。且与之相对
应者是同时期埋入正阳桥下的"一个石马头"。这一鼠一马构成了明
代京师中轴线的"子（鼠）午（马）线"的说法。

此外，至少自明代起，坊间还流传着"火烧潭柘寺，水淹北京城"的传闻。据说，潭柘寺内有一口锅底刻有"潭柘寺"三个字的大铜锅，由此而来的便是"火烧潭柘寺"；而在后门桥下的桥台前面，亦刻有"北京"二字。玉河水位达到最高时，会将这二字淹没，于是又产生了"水淹北京城"的说法。

这一说法是否属实，至少在孔庆普那里给出了部分否定的答案。根据孔庆普的记载："京内有过传说，万宁桥（后门桥）下有一根石桩子，桩顶上端雕刻一只老鼠。天桥的桥下也有一根石桩子，桩顶上端雕刻一个马头。"1950 年，进行的后门桥清淤工程"清至海墁时，桥下没有'北京'二字，更没有石桩子"。《北京日报》记者闻讯赶来找'北京'和'石老鼠'，照样一无所获。第二天《北京日报》将实际情况予以报道，万宁桥下有'北京'和'老鼠'的传说被揭穿。"

关于民国时期的后门桥风景，朱家溍曾有过这样的描述："我青年时代每次过桥，喜欢在桥上徘徊片时，观赏桥东人家放鸭。桥西什刹海颇具江南烟水之概，夏日高柳静垂，丹英翠盖，荷香袭人，更引人入胜。《日下旧闻考》卷五十四载：'万宁桥北，今属北城，桥南属中城。'按从前鼓楼和地安门一带居民习惯，称桥北为鼓楼大街，称桥南为后门大街，是有根据的。"

中华人民共和国成立之后，后门桥依然保留着汉白玉的石栏，只是桥下已无流水，从而使后门桥彻底变成了一座旱桥。什刹海的湖水，此时已经过原水道上建的一条"盖板河"流过，与旱桥相伴者，是地安门外大街一带相当繁华的街市。

作为"文物古迹"的后门桥被重新带回人们的视野，已是在 21 世纪初了。1984 年，后门桥被列入北京市第三批文物保护单位。

2000 年 12 月，侯仁之提出后门桥为历史遗迹，应妥善保护，有关部门拨专款修复了破损严重的后门桥，还疏浚了桥下的河道，恢复碧水过桥的"盛世风貌"。此时，在清理被淤塞多年的河道之际，施工人员挖掘出了六尊体形较大的镇水石兽。随后，文物工作者按照石兽曾经的位置，重新将其以镶嵌贴接的方式固定下来。2006 年，作为第六批全国重点文物保护单位"京杭大运河"的一部分，后门桥及澄清上闸亦榜上有名。2014 年，后门桥、澄清上闸等又作为"京杭大运河"北端的重要组成部分，被列入《世界遗产名录》中。

火德真君庙

什刹海附近矗立着一座中轴线上"最古老"的庙宇建筑

　　坐落于后门桥西北侧的，是始建于唐贞观六年（632）的火神庙。如果这一建造年代是准确的，那么海子的形成必然会以此庙作为最重要的见证者。在火神庙建造之始，海子尚属一片原始沼泽。火神庙山门坐北朝南，正好对着未来的后门桥（若是先有庙，后门桥就应该以火神庙的山门来当其坐标）。于是，在民众心中，便有了"先有火神庙，后有北京城（辽金之后的北京城）"的说法。元至正六年（1346），当海子再次得到疏浚之时，火神庙也被大规模修葺。据说，此地还曾做过正一派大宗师张天师的居所。从此以后，直至元亡明兴，火神庙一直香火鼎盛。

　　及至明代，火神庙被朝廷敕封为"显灵宫"。此宫与正阳门瓮城内的关帝庙"朝天宫"、朝阳门外东岳庙"灵济宫"，被明代后期的京城百姓称为"北京三宫"。根据史料记载，明万历三十三年

火德真君庙东山门，覆有黄色琉璃瓦

（1605），由于皇宫内苑连续发生火灾，火神庙也发生了一起火灾，且将庙内的皇极殿烧毁，从而使万历帝下旨重修火神庙，并赐其琉璃碧瓦屋顶，以求庇佑。清乾隆二十四年（1759），火神庙再度得到重修，清廷在其山门、后阁上覆以黄色琉璃瓦。

乾隆朝的火神庙，虽然规模不大，但颇具皇家道观的气势。此时的火神庙是由三进院落组成：自山门起，依次为灵官殿、火神殿、皇极殿（即后阁），配殿有关帝殿、斗姥殿等。此外，后院有水亭，以便欣赏前海的风景。至于清代的火神庙山门，已经由向南开启转为向东开启。究其原因，大概是日益增多的水边北岸的商铺与摊群挤占宫观门前空场所致。进入民国时期，由医生杨震东开设的诊所恰巧占据了火神庙曾经的山门位置。

民国时期的火神庙，虽然不少空间被挪作他用，然建筑与造像尚且完整，庙中常年居住着数十名挂单的道士。此后，随着政局日益腐朽，火神庙亦逐渐走向衰落。1949 年后，已显残破的火神庙，先后成为当地派出所的办公用地、解放军某部的接待所、公安局消防队的家属宿舍区。重新修葺之前，这里已然成了一座大杂院。所幸的是，火神庙的二院、后院建筑尚在，殿宇等也基本完整。近些年来，随着什刹海地区的改造工程逐步开展，使得火神庙重又恢复了青春与活力，并成为什刹海风景区东侧、后门桥北侧的一处十分重要的历史文化景观。

钟鼓楼

中轴线北端点上的两座"姊妹"地标楼

钟鼓楼是坐落在中轴线北端的一组古代建筑，位于地安门外大街北侧，被列入第三批全国重点文物保护单位名录。钟鼓二楼前后纵置、气势雄伟、巍峨壮观。其作为元、明、清三代都城的报时中心，在国内同类钟鼓楼的建制史上，可谓是规模最大、形制最高，实乃古都北京的标志性建筑之一，也是见证北京数百年来城市演变的重要地标性建筑。

鼓楼通高 46.7 米，重檐三滴水，灰筒瓦，绿琉璃剪边，是一座以砖木结构为主的建筑。

鼓楼分两层，一层为无梁拱券式砖石结构，南北各辟 3 个券洞；东西各辟一个券洞；东北隅设登楼小券门和登楼甬道。

钟楼通高 47.9 米，重檐歇山顶，上覆黑琉璃瓦，绿琉璃剪边，是一座全砖石结构的大型单体古代建筑。钟楼东北角开一登楼小券

鼓楼旧照

门，登75级台阶至二层。整个建筑结构强调了共鸣、扩音和传声的功能，这种设计在我国钟鼓楼建筑史上是独一无二的。

元大都的钟楼与鼓楼，曾赫然矗立于积水潭的东北侧。其中，鼓楼被建在而今钟鼓楼偏西北的位置上。它在当时被称为"齐政楼"，亦被叫作"更鼓谯楼"。"齐政"典出《尚书·舜典》："在璇玑玉衡，以齐七政。"《尚书大传》说"七政"指春、夏、秋、冬、天文、地理、人道。有关元代鼓楼的记载，大致出自一本名曰《图经志书》的书籍。此书有云："鼓楼在金台坊，旧名齐政。上置铜刻漏，制极精妙，故老相传，以为先宋故物。"大都民众认为此乃先宋之物，或许并不可信。元大都的钟楼，居于"京师北省东、鼓楼北"。所谓的"京师北省"，是元大都的"中书北省"，也就是元代的翰林院，其位置大致是在如今旧鼓楼大街北口及径直往北的二环路上。目前揣测，这座高大巍峨的钟楼，与它的兄弟鼓楼一道，被毁于元末明初的战火之中。

自明永乐朝起，在彻底放弃了元大都钟鼓楼的同时，设计者们将体现大明帝国首都风貌的钟鼓二楼移至曾经的中心阁及略北的位置上。由此，也形成了古老帝国城市建设的一个新规矩：让钟鼓楼居于城市中轴线上。"上行下效"，国内所有的钟鼓楼，不出意外皆会如此设置。在京师的鼓楼之内，存放着传自宋代的铜刻漏，以及不知出于何时的古代计时器——石碑漏。鼓楼通高46.7米，比其北侧的钟楼要矮了1.2米。若从地面仰视，这两座建筑大体上是"不分伯仲"的。在钟楼上，悬挂着永乐年间所铸造的重达63吨的巨型铜钟。据说，此钟敲响后的声音巨大如雷，"都城内外，十有余里，莫不耸听"。只是，存放这尊

从北向南拍摄的钟楼（左）与鼓楼（右）

被誉为"京城第一钟"的楼宇，在清代中叶毁于一次雷火之中。后世所能见到的只是清代"亦步亦趋"的仿造佳品罢了。

民国时期，鼓楼已经被更名为明耻楼。而做此决定者，是民国十一年（1922）担任京兆尹的薛笃弼。在明耻楼内，陈列着"庚子国变"（光绪二十六年，1900）及五卅运动（民国十四年，1925）所留下的纪念物，以及舟车等传统交通工具、传统服饰用品、武器铠甲和北平城的模型。明耻楼下，设置了通俗教育馆，其中备有图书、报纸、杂志等，任人阅览，俨然一处小型的图书馆。

位于鼓楼之北、钟楼以南的一小片区域，自晚清至全民族抗战爆发前，是中轴线北侧普通民众的娱乐场所，其名为鼓楼市场。在这个小市场之内，既有说书、变戏法、耍把式、卖丸药的，也有说相声、唱曲儿的。自日上三竿起，至夕阳西下为止，除却雨雪天气外，此地几乎天天人满为患。据说，有位家居地安门内织染局的年轻相声演员曾将自己的"首演"（第一次表演太平歌词，与第一次上台说相声）奉献给了这片不太像样的舞台。此人名叫侯宝林。

穿过鼓楼市场，与鼓楼隔空相对者，是稍显瘦而高的钟楼。在钟楼的门前，民国年间曾落地摆放着一口大铁钟，高度达到一丈开外，这可是一件清代留下来的旧物。将此钟置于楼外，其目的就是为了给楼内开设的通俗电影院腾地方。只是，这所电影院的经营状况不佳，影片放映也是时断时续的。在无力修葺钟楼的情形下，包括影院在内的"钟楼百业"都显得萧条至极。

在中华人民共和国初创的那些年里，钟鼓楼确实有些老了。好在人民政府一直重视着钟鼓楼。鼓楼与钟楼之间的空场，渐渐被京城百姓的房舍所占据。多年后，作家刘心武在一部名为《钟鼓楼》的小说中曾这样描述："钟鼓楼高高地屹立在京城北面。鼓楼在前，红墙黄瓦。钟楼在后，灰墙绿瓦。钟鼓楼原是一种公共报时器。它是以音响来报时的。"如今，钟鼓楼仅作为古迹存在。取代了其报时功能的，是位于崇文门东南的北京火车站主楼，与西长安街上北京电报大楼的时钟。这种取代意味着旧北京、旧中国的过去，新北京、新中国则如红日一般，冉冉地升起于东方的地平线之上。

中华人民共和国成立后未久，鼓楼曾于相当长时间内被当作东城区文化馆的馆址。1984 年，鼓楼被重新修葺。如今，虽然原有的二十四面小鼓已经不在，曾处于中心位置的牛皮大鼓尚且留存。有些遗憾的是，该鼓的鼓面早已多处受损，这是"庚子国变"时被日本侵略者用刺刀捅破所致。此鼓的复制品与重做的二十四面小鼓，皆被放置于鼓楼之上供游人参观。

也是在 1949 年以后，钟楼为东城区教育局所使用。1976 年发生唐山大地震之时，钟楼遭受了一定程度的损坏。经过 1986 年的重新整修，钟楼又焕发出新的光彩。而今，钟楼上的那口明永乐年间铸造的大铜钟，已被位于北三环的大钟寺古钟博物馆收藏。大钟的复制品正以新的身姿迎接着八方来客。

参考书目

［1］侯仁之主编：《北京历史地图集》，北京出版社 2013 年版。

［2］侯仁之、岳升阳主编：《北京宣南历史地图集》，学苑出版社 2008 年版。

［3］刘侗、于奕正：《帝京景物略》，北京古籍出版社 1963 年版。

［4］于敏中：《日下旧闻考》（四卷本），北京古籍出版社 1983 年版。

［5］北京建设史书编辑委员会编：《建国以来的北京城市建设》，1986 年内部出版。

［6］北京市文物工作队编：《北京名胜古迹》，1962 年内部出版。

［7］孔庆普：《城：我与北京的八十年》，东方出版社 2016 年版。

［8］孔庆普：《北京的城楼与牌楼结构考察》，东方出版社 2014 年版。

［9］杨良志编："北京通丛书"（《老舍讲北京》《侯仁之讲北京》《朱家溍讲北京》《叶祖孚讲北京》），北京出版社 2005 年版。

［10］朱祖希：《北京城：中国历代都城的最后结晶》，北京联合出版公司 2018 年版。

［11］北京市文史研究馆编著：《古都北京中轴线》（上、下册），北京出版社 2017 年版。

［12］李路珂、王南、胡介中、李菁编著：《北京古建筑地图》（上册），清华大学出版社 2009 年版。

［13］北京市文物局、《北京古代建筑精粹》编委会编：《北京古代建筑精粹》（全两卷），北京美术摄影出版社 2007 年版。

［14］周汝昌：《北斗京华》，北京出版社 2018 年版。

［15］朱耀廷主编：《北京的佛寺与佛塔》，光明日报出版社 2004 年版。

［16］王军：《城记》，生活·读书·新知三联书店 2003 年版。

［17］李建平:《魅力北京中轴线》,文化艺术出版社 2008 年版。

［18］陈平:《古都变迁说北京》,华艺出版社 2013 年版。

［19］北京市地方志编纂委员会办公室编:《志说北京:修志人眼中的北京》,文化艺术出版社 2012 年版。

［20］单士元:《故宫史话》,新世界出版社 2004 年版。

［21］张程:《故宫传》,华文出版社 2020 年版。

［22］赵珩:《百年旧痕:赵珩谈北京》,生活·读书·新知三联书店 2016 年版。

［23］朱家溍著、杨良志编:《北京闻见录》,北京出版社 2020 年版。

［24］北京政协文史资料委员会:《北京文史资料精选:东城区》,北京出版社 2006 年版。

［25］北京政协文史资料委员会编:《北京文史资料精选:西城区》,北京出版社 2006 年版。

［26］北京政协文史资料委员会编:《北京文史资料精选:宣武区》,北京出版社 2006 年版。

［27］北京政协文史资料委员会编:《北京文史资料精选:崇文区》,北京出版社 2006 年版。

［28］徐家宁:《北洋岁月》,广西师范大学出版社 2011 年版。

［29］胡玉远:《北京旧闻丛书·燕都说故》,北京燕山出版社 1996 年版。

［30］陈果:《北京旧闻丛书·京华古迹寻踪》,北京燕山出版社 1996 年版。

［31］胡玉远:《北京旧闻丛书·春明叙旧》,北京燕山出版社 1999 年版。

［32］北京燕山出版社编:《北京旧闻丛书·古都艺海撷英》,北京燕山出版社 1996 年版。

［33］北京市社会科学院编:《今日北京·历史卷名胜卷》,北京燕山出版社 1991 年版。

［34］马芷庠著、张恨水审定:《老北京旅行指南》,北京燕山出版社 1997 年版。

［35］宗绪盛：《老北京地图的记忆》，中国地图出版社 2014 年版。

［36］肖复兴：《蓝调城南：老北京的记忆》，北京十月文艺出版社 2006 年版。

［37］姜德明：《梦回北京：现代作家笔下的北京》，生活·读书·新知三联书店 2009 年版。

［38］邹仲之：《抚摸北京：当代作家笔下的北京》，生活·读书·新知三联书店 2005 年版。

［39］北京市文史研究馆编：《北京文史》。

华彩名建之旅

手绘 吴昊

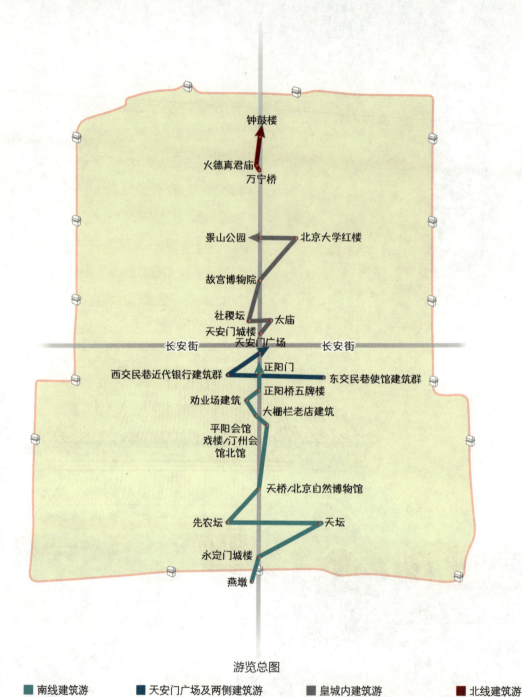

钟鼓楼

火德真君庙
万宁桥

景山公园 ← 北京大学红楼

故宫博物院

社稷坛 太庙
天安门城楼
长安街 天安门广场 长安街

正阳门
西交民巷近代银行建筑群 东交民巷使馆建筑群
正阳桥五牌楼
劝业场建筑
大栅栏老店建筑
平阳会馆
戏楼/汀州会
馆北馆

天桥/北京自然博物馆

先农坛 天坛

永定门城楼
燕墩

游览总图

■ 南线建筑游　　■ 天安门广场及两侧建筑游　　■ 皇城内建筑游　　■ 北线建筑游

注：景点介绍依据其所在地理位置摆放，大致与手绘街区地图匹配。受篇幅所限，手绘图与推荐游览顺序存在不一致的情况，请参照序号对应推荐游览顺序。此外，景点可能基于修缮、布展、改扩建等原因短期闭馆，建议读者提前查阅最新信息，再前往参观。

一、南线建筑游

②

永定门城楼

地址： 东城区永定门内大街南端

简介： 永定门城楼始建于明嘉靖三十二年（1553），嘉靖四十三年（1564）补建瓮城，清乾隆十五年（1750）增建箭楼并重修瓮城。永定门是北京外城七门中最为高大的一座城门，寓意皇都永远安定，系北京中轴线南端的重要标志性建筑。20世纪50年代，为改善交通，永定门瓮城、箭楼和城楼先后被拆除。2005年，永定门城楼在原址复建，现辟有永定门公园。

①

燕墩

地址： 东城区永定门外燕墩公园内

简介： 据传，燕墩在元、明时期叫"烟墩"，为北京"五镇"之一的"南方之镇"，用以祈求皇图永固。墩台高9米，中央有方形台基座，上立通高8米的乾隆御制碑。碑首雕四角方形攒尖顶，四条垂脊各为一龙，碑身镌刻乾隆十八年（1753）乾隆帝亲撰的《皇都篇》《帝都篇》御制碑。束腰须弥座上精雕24尊水神，形态各异，栩栩如生。燕墩是北京市文物保护单位，现建有燕墩公园。

⑥

平阳会馆戏楼／汀州会馆北馆

地址： 东城区前门外迤东小江胡同 36 号

简介： 前门外地区分布着多座会馆，其中市级文物保护单位两座，分别为平阳会馆戏楼和汀州会馆北馆。平阳会馆戏楼内雕梁画栋，客座分两层，二楼为官厢和看廊，楼下设散座，是北京现存规模最大、建筑考究、保存较为完整的清代风格建筑。汀州会馆北馆位于长巷二条 48 号，万历十五年（1587）由尚书裴应章捐宅为馆，为北京少见的具有南方特点的古建筑。

④

先农坛

地址： 西城区东经路 21 号

简介： 先农坛是明、清两代帝王祭祀先农、山川、神祇、太岁诸神的地方，始建于明永乐十八年（1420），初名山川坛。先农坛于嘉靖年间建于山川坛内，至清统称此地为先农坛。现存主要建筑有太岁殿、先农坛、观耕台、庆成宫等。明、清时，每年开春皇帝会亲领文武百官于先农坛祭先农神，到观耕台以东的亲耕田躬耕。先农坛是中国古代祭祀等级最高、规模最大，也是保存最完整的祭祀农神之所，为全国重点文物保护单位，现建有北京古代建筑博物馆。

📢 需提前 1 ~ 7 天在微信公众号"北京古代建筑博物馆"上预约购票，每周三前 200 人免费。

天桥/北京自然博物馆

地址： 东城区天桥南大街北口

简介： 天桥是一座汉白玉单孔高拱桥，原址在今前门大街南口，为南中轴线上的重要节点之一，2013年在原址南侧复建。北京自然博物馆位于天桥南大街126号，是新中国依靠自己的力量筹建的第一座大型自然历史博物馆。该馆建于1958年，主要从事古生物、动物、植物和人类学等领域的标本收藏、科学研究和科学普及工作，是国家一级博物馆，全国科普教育基地。

天坛

地址： 东城区天坛东里甲1号

简介： 天坛是明、清两代皇帝祭天祈谷之地，系世界上现存最大的祭天建筑群。天坛分为内外两坛，坛墙北圆南方，象征"天圆地方"。内坛由圜丘、祈谷坛两部分组成；外坛为林区，广植树木。圜丘位于内坛南部，建于明嘉靖九年（1530），清乾隆十四年（1749）扩建，皇帝每年冬至日在此举行祭天大典。祈谷坛位于内坛北部，正中建筑为祈年殿，建于明永乐十八年（1420），历经嘉靖朝改建，乾隆朝整修，光绪十五年（1889）毁于雷火，7年后得以重修。天坛主要建筑还有皇穹宇、斋宫、神乐署、牺牲所等。天坛是全国重点文物保护单位，1998年被联合国教科文组织列入《世界遗产名录》。

📢 需提前1~7天在微信公众号"畅游公园"或"天坛"上预约购票，可选择购买门票或联票，联票含祈年殿、圜丘、回音壁等景点门票。

⑧

劝业场建筑

地址： 西城区廊房头条 17 号

简介： 劝业场是清末民初时期京城首幢大型综合商业楼，首设厢式电梯、游乐场、开敞式卖场。其名源于光绪三十一年（1905）清政府设立的"京师劝工陈列所"，意为"劝人勉力，振兴实业，提倡国货"。原建筑外观 4 层，钢筋混凝土砖混结构加钢屋架，采用古希腊的爱奥尼亚柱、花瓶栏杆阳台、圆拱形山花等西洋古典装饰，曾被誉为"京城商业第一楼"。

⑦

大栅栏老店建筑

地址： 前门大街西侧

简介： 大栅栏是前门地区最著名、最具特色的商业街。街内瑞蚨祥鸿记布店、祥义号绸缎店和廊房头条谦祥益（益和祥）绸布店的建筑结构，均保存着老店的风貌。瑞蚨祥建筑群是平房与楼房相结合的新型四合院，西侧的瑞蚨祥鸿记布店为一座三层楼。该楼建于民国十二年（1923），其建筑风格以中国传统建筑形式为主，高大雄伟，是中国早期中西合璧的商业建筑。

⑩

正阳门

地址：天安门广场南端，前门大街北侧

简介：正阳门，俗称前门，是内城九门中建筑规模最大的一座城门。明永乐年间将元大都城垣南移时，丽正门也向南移建，于永乐十九年（1421）竣工，仍沿用元代旧称。明正统四年（1439）重建城楼，为加强防御，增修箭楼、瓮城、东西闸楼，更名为正阳门。八国联军入侵北京时，正阳门城楼、箭楼被毁，清光绪三十二年（1906）得以修复。民国四年（1915），在朱启钤的主持下拆除瓮城和东西闸楼。正阳门是全国重点文物保护单位，城楼上设有正阳门历史文化展。

⑨

正阳桥五牌楼

地址：前门大街北口

简介：明正统四年，于内城九门外设置牌楼，除正阳门外，其他八门均系三开间牌楼。正阳桥五牌楼初为木质结构，六柱并排，"冲天柱"形式，柱下有汉白玉石基座，雕刻石狮。每根立柱各有一对戗柱，每间上有两道额枋，枋上各以斗拱承楼顶，五楼均为四坡顶，正间额枋镶"正阳桥"匾额。民国年间，改为钢筋混凝土结构。2008年，在前门大街改造之时，正阳桥五牌楼得以复建。

二、天安门广场及两侧建筑游

③
天安门
广场

②
西交民巷
近代银行
建筑群

①
东交民巷
使馆建筑群

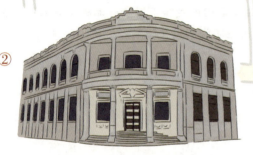

②

西交民巷近代银行建筑群

地址： 天安门广场西侧

简介： 西交民巷呈东西走向，早年有刑部、大理寺等衙门。清末北京银行业兴起，在巷内聚集了中国具有现代意义的中央银行、股份制银行，以及众多老式银号、钱庄等，与东交民巷的外资银行一起，一度掌控着中国的金融命脉。巷内现存中央银行北平分行旧址、中国农工银行旧址，以及大陆银行旧址、北洋保商银行旧址（现为中国钱币博物馆）等。西交民巷近代银行建筑群已被列入全国重点文物保护单位。

天安门广场

地址： 东城区东长安街

简介： 天安门广场北起天安门，南至正阳门，东起中国国家博物馆，西至人民大会堂，是世界上最大的城市广场。明、清时期，现毛主席纪念堂的位置有一座大明门（清改称大清门），门以北为"T"形宫廷广场——千步廊，庶民严禁入内；门以南为棋盘街，似一座平民广场。新中国成立之后，对其进行了改造，形成一座以人民英雄纪念碑为中心的人民广场。整个广场气势磅礴、布局严谨，既传承了北京中轴线深邃的文化内涵，又体现出了中国人民意气风发的精神面貌。

需携带身份证件进入天安门广场，按顺序安检。

东交民巷使馆建筑群

地址： 天安门广场东侧

简介： 东交民巷呈东西走向，全长1552米，是北京最长的胡同。明代巷内设礼部、鸿胪寺、会同馆等。清代巷内设户部银库、迎宾馆及王府宅第。第二次鸦片战争后，建有多国公使馆、圣弥厄尔教堂、美国花旗银行（现为北京警察博物馆）等风格各异的西洋建筑。东交民巷使馆建筑群作为近现代重要史迹及代表性建筑，被列入全国重点文物保护单位。

三、皇城内建筑游

③

⑥ 景山公园

⑤ 北京大学红楼

④ 故宫博物院

③ 社稷坛

② 太庙

① 天安门城楼

社稷坛（中山公园）

地址：东城区西长安街天安门西侧

简介：社稷坛是明、清帝王分别在农历二月、八月祭祀"土神"和"谷神"的场所，始建于明永乐十八年（1420），与太庙东西并列。民国三年（1914），社稷坛辟为中央公园向社会开放。民国十七年（1928）改名中山公园。园内有辽柏、社稷祭坛（五色土）、中山堂、保卫和平坊、兰亭碑亭、唐花坞等景观。中山公园现为全国重点文物保护单位。

📢 需提前 1～7 天在微信公众号"畅游公园"上预约购票，有东、西、南 3 个门可进入。

②

太庙（北京市劳动人民文化宫）

地址：东城区东长安街天安门东侧

简介：太庙是明、清帝王祭祖的宗庙建筑，始建于明永乐十八年（1420），与社稷坛东西并列。明、清两代皇帝祭祖，要通过太庙街门，在太庙外墙南门外下辇，然后从戟门的左门进入太庙，在前殿即享殿向祖先的牌位上香、叩拜。戟门具有明显的明代殿宇特征，建筑学家认为是明永乐年间的重要建筑遗存。1950年，太庙改为北京市劳动人民文化宫，现为全国重点文物保护单位。

📢 可从东、西、南3个门进入太庙。

①

天安门城楼

地址：东城区东长安街天安门广场北侧

简介：天安门原为明、清两代皇城的南门，始建于明永乐十五年（1417），初名"承天门"，寓意"承天启运，受命于天"。清顺治八年（1651），取"受命于天，安邦治国"之意，改名天安门。这座重檐歇山顶的城门设有券门五阙，历朝帝王登极、选纳皇后等重大庆典时，在此举行颁诏仪式。中华人民共和国成立后，天安门成为伟大祖国的象征。

353

④

故宫博物院

地址： 东城区景山前街 4 号

简介： 故宫位于北京中轴线的中心，旧称紫禁城，明永乐十八年（1420）建成，是明、清两代的皇家宫殿。整个建筑群金碧辉煌，庄严绚丽。中轴线上有三大殿、后三宫，东西对称的有文华殿与武英殿、协和门与熙和门、景运门与隆宗门等，布局严谨有序；城外有宽 52 米的护城河。故宫博物院是中国现存最大、最完整的古建筑群，1987 年被联合国教科文组织列入《世界遗产名录》。

📢 需提前 1 ~ 10 天在"故宫博物院"官网或微信公众号"故宫观众服务"上预约购票。带好身份证件，从午门（南门）安检后进入故宫。

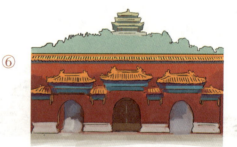

⑥

景山公园

地址： 西城区景山西街 44 号

简介： 景山公园南与故宫神武门隔街相望，是明、清两代的御苑，也是明、清北京城的制高点。明永乐年间，在营建城池、宫殿、园林之时，将挖掘自紫禁城筒子河和太液池的泥土堆积成山，称"万岁山"。清顺治十二年（1655），改名景山。景山北侧最大的一组建筑群是寿皇殿，其建筑仿照太庙规制建造，沿南北轴线排列。景山是全国重点文物保护单位。

📢 需提前 1 ~ 7 天在微信公众号"畅游公园"上预约购票。景山公园有东、南、西 3 个门可进入。

北京大学红楼

地址： 东城区五四大街 29 号

简介： 北京大学红楼建筑面积约 11000 平方米，原为北京大学校部、一院（文科）、图书馆所在地。始建于民国五年（1916），落成于民国七年（1918）。北大红楼是一座具有光荣革命传统的近代建筑，是李大钊、陈独秀等开展革命活动的重要场所。五四运动时期，北大红楼是新文化运动的中心和五四运动的策源地，是马克思主义早期传播的主阵地和中国共产党的主要孕育地之一。1961 年，北大红楼被公布为全国重点文物保护单位。

四、北线建筑游

③
钟鼓楼

②
火德
真君庙

①
万宁桥

②

火德真君庙

地址：西城区地安门外大街77号

简介：火德真君庙俗称火神庙，坐北朝南，三进院落。明万历朝重修，赐琉璃瓦并增碧瓦重阁。乾隆朝于山门及后阁加黄瓦。庙内南北中轴线上为隆恩殿、火祖殿、斗姥阁、万岁景命阁（俗称玉皇阁），其中，火祖殿供奉南方火德荧惑星君，殿顶的漆金八角蟠龙藻井，精巧无比。主殿后建有两层重阁，历来为赏游胜地，现为北京市文物保护单位。

③

钟鼓楼

地址：东城区地安门外大街北端

简介：钟鼓楼是坐落在北京中轴线北端的一组古代建筑，始建于明永乐十八年（1420），为古代城市的报时台。钟楼在鼓楼北 100 米左右，两楼前后纵置，巍峨壮观。在城市钟鼓楼的建置史上，北京钟鼓楼规模最大、形制最高，是古都北京的标志性建筑，现为全国重点文物保护单位。钟鼓楼及周边的胡同、院落，作为古都风貌的重要组成部分，具有独特的历史文化价值。

 鼓楼每天有击鼓表演，上午和下午各有 3～4 场，每场间隔约 1 小时。参观完钟鼓楼后，可以顺便逛逛旁边的烟袋斜街，去什刹海尝尝北京特色小吃。

①

万宁桥

地址：西城区地安门外大街

简介：万宁桥是北京中轴线的重要节点，具有重要的历史文化价值。元初，忽必烈放弃金中都旧城，新建以琼华岛为中心的大都城。刘秉忠把原由古高梁河形成的大片水面，全部揽入城中。后郭守敬又引白浮泉开凿通惠河至通州，以通漕运并在出水口处建石桥即万宁桥。万宁桥曾于 20 世纪 90 年代末进行了大规模的修缮，发现并修复了元、明两代的镇水石雕神兽"趴蝮"。